MAGIE DU XIX

# TÉNÈBRES

## TREIZE NUITS

PAR

ALCIDE MORIN

\* \* \* \* \* \* \* \*

PARIS

E DENTU LIBRAIRE-ÉDITEUR

PALAIS-ROYAL, 13, GALERIE D'ORLÉANS

# TÉNÈBRES

> Si quelqu'un d'entre nous pense être sage en ce monde, qu'il devienne fou pour devenir sage.
>
> Saint Paul  *Ep. aux Corinth*, ch. III, v 18

PARIS. — IMPRIMERIE BONAVENTURE ET DUCESSOIS,
55, QUAI DES GRANDS-AUGUSTINS.

MAGIE DU XIXe SIECLE

# TÉNÈBRES

## TREIZE NUITS
SUIVIES D'UN DEMI-JOUR SUR L'HYPNOTISME

PAR

ALCIDE MORIN

\*\*\*\*\*\*\*\*\*

PARIS

E DENTU. LIBRAIRE-ÉDITEUR

PALAIS-ROYAL, 13, GALERIE D'ORLÉANS

1860

Tous droits réservés

# INTRODUCTION.

POURQUOI TÉNÈBRES

\* \* \* \* \*

> — Prenez garde que la lumière qui est en vous ne soit que ténèbres
>
> SAINT LUC, Evang., ch. II, v. 35.

— POURQUOI TÉNÈBRES ?

— Afin d'affirmer la lumière et de la glorifier de leur présence.

— Les ténèbres ne sont-elles pas cependant l'*absence* de la lumière ?

*a.*

— On le croit; mais il n'est pas moins vrai qu'*on les voit* et même *du plus beau noir*. Donc il n'est guère possible qu'elles ne soient *rien du tout*, à moins que nous ne jouissions de l'étrange propriété de percevoir ce qui n'est pas.

Quoi qu'il en soit, les ténèbres sont visibles, bien entendu sans la présence de la lumière; tandis que la lumière, étant *incolore*, serait nécessairement *invisible* sans la propriété des ténèbres.

Des ténèbres à la lumière, du noir au blanc, il y a une pyramide ou échelle *visible*, graduée de tons et de couleurs, depuis le noir le plus sombre, l'*ultra-visible* qui forme la base, jusqu'au blanc, à l'*infra-visible*, en un mot, à l'*Invisible* qui forme le sommet.

Expérimentant avec les trois faces du prisme de cristal sur la lumière incolore, les savants ne nous ont prouvé qu'une chose : c'est que tout ce qui est visible se produit de l'invisible.

— Mais comment?

— Tout naturellement, en vertu de *deux pôles* se sollicitant à l'envers l'un de l'autre :

L'INVISIBLE.

Actif. ═════ Négatif.

RÉFLEXION. ✕ IMAGE.

Passif. ═════ Positif.

LE VISIBLE.

L'invisible *actif-lumineux* incolore et le visible *passif-ténébreux* omnicolore, échangeant leurs propriétés au fond du prisme, l'omnicolore *dégage ses couleurs* que l'incolore *rend visibles* par opposition.

Cette expérience ne fait ainsi que confirmer l'affirmation de la couleur *suprême*, les ténèbres, le NOIR, qu'il fallait être excessivement savant, ou tout à fait fou, pour qualifier d'*absence*.

Les ténèbres — *sont donc* — dans toute l'acception de la réalité ; et, il suffit de fermer les yeux pour se les affirmer.

La lumière, au contraire, n'est qu'une négation physique, une *abstraction* saisissable seulement par les yeux de l'esprit. C'est *ce qui fait que l'on voit*, et qui, par conséquent, ne peut être *ce qui est vu*, sans passer de l'actif au passif, c'est-à-dire du blanc au noir, — de la lumière aux ténèbres, en *épuisant la série* des ombres.

Or, à notre époque où l'on est arrivé à ne plus croire qu'à ce que l'on voit avec les yeux du corps, comme les ténèbres seules sont visibles avec ces yeux-là, ON NE VOIT PLUS QUE TÉNÈBRES !

— Qu'est-ce que l'effet que l'on voit, sans la cause que l'on ne voit pas?

— Ténèbres !

— Qu'est-ce que l'image que l'on regarde, sans l'espace qu'elle comble?

— Ténèbres !

— Qu'est-ce que le présent que l'on voit, sans le passé qu'on ne voit plus et l'avenir qui est à naître?

— Ténèbres !

— Qu'est-ce que la science, sans le germe invisible, *le Génie*, dont elle se reproduit?

— Ténèbres !

— Que sont les actes qui se voient, sans la conscience qui ne se voit pas?

— Ténèbres !

— Que sont le bien et le mal que l'on voit faire, sans la justice qu'on ne voit pas, mais qui se fait ?

— Ténèbres !

— Que serait la nature entière, sans Dieu qui la voit et que nous ne voyons pas ?

— Ténèbres !

— De quoi jouirions-nous, en un mot, si *le sentiment* n'était pas ?

— Pourtant il ne se voit pas..... Ténèbres ! Ténèbres !


— Que faut-il donc pour s'éclairer ?

— Affirmer ce que l'on ne voit pas encore afin de l'attirer à soi ; comme on soutire électriquement le *positif* en présentant le *négatif*. Tout dans la Nature se régit de cette loi. « Les semblables se repoussent, les contraires s'attirent. »

Voués au *fini*, nous recevons, nous absorbons, nous sommes *ténèbres* par la matière ; mais conscients de notre Ame copartageante au foyer invisible et divin, nous sentant voués à l'*Infini*, nous répandons, nous rayonnons, nous sommes *lumière* par l'Esprit.

L'intelligence de ce contraste est dans la loi d'amour ou L'HARMONIE, dont naissent les couleurs, confirmant lumière et ténèbres, et établissant la *variété*, qui confirme l'*Unité*, dans chaque chose et dans tout.


Que l'on se refuse à croire que l'Arche, cet immense Palais de l'exhibition des produits du vieux monde, après avoir échappé au déluge, ait été transportée au ciel pour être *le signe de la nouvelle alliance;* nous le voulons bien, nous ne tenons pas à *la lettre*, mais nous apprendrons, à ceux qui se moquent par ignorance, à respecter les symboles, en les dévoilant nous-même *selon l'esprit.*

Entre le *concret* qui s'appelle Matière, et l'*abstrait* qui se nomme l'Esprit, il y a la Lumière *impondérable*, participant de tous les deux. (Appelez-la électricité, chaleur, aimant, etc. etc., c'est tout un.) Là est donc l'$x$ du problème, le centre d'équilibre de la création. Et les savants pouvaient bien se passer de tant d'analyses, lorsque Dieu, type et synthèse de l'Œuvre, avait daigné, en analysant son premier principe dans L'ARC-EN-CIEL révéler *la série des couleurs* et la déployer, *aux jours d'orage*, comme l'Étendard de l'ordre surnageant au désordre.

Il n'y avait qu'à regarder en l'air après la pluie, ce qu'avait fait Noé et ce qu'a raconté Moïse!

Si quelqu'un a lu cela quelque part dans la science ou dans l'histoire, qu'il le dise; il nous assistera. Ce qu'il y a de certain, c'est que nous ne l'avons lu nulle part, et cependant nous sommes *convaincu* que cela est la vérité.

— Qui nous l'a dit?

— Notre CONSCIENCE. — Conscience de soi-même passe science de tout!

Les savants matérialistes, en se disant *porteurs de la lumière*, n'ont fait que traduire LUCIFER. Ils sont donc, de leur propre aveu, les Anges des Ténèbres.

Tous les mythes *sont vrais;* — c'est ce qui les rend éternels!

Abandonnons donc aux savants les bénéfices

de leur version et revenons carrément au thème original.

L'orgueil sera toujours le premier péché. Qui veut orgueilleusement regarder la lumière en face, se cachant ce qu'elle éclaire, *s'éblouit* et ne voit rien ; mais qui veut s'effacer dans les ténèbres, *devine la lumière* par ce qu'elle montre, et voit tout.

L'Intelligence est une lampe divine que chacun peut utiliser pour soi, mais dont les savants se mettent le lumignon dans l'œil. Nous préfé-

rons, de notre main nous faisant un peu d'ombre, conserver ainsi *la liberté de l'œil*.

— Lequel de ces deux personnages est-il en effet mieux placé pour juger de l'autre?

— Nous le laissons à deviner; mais « bienheureux les pauvres d'esprit, » car ceux qui auront deviné n'en sauront pas davantage. Les deux personnages, la lampe, l'huile et la mèche, existent bien encore; mais le savant a soufflé la lumière qui commençait à le brûler.

Ténèbres en partie double !


Raison de plus pour espérer la lumière. Elle est partout, jusqu'au fond du silex, et il suffit d'un choc pour la faire jaillir.

Frappons donc au Cœur. Puisque la raison de nos jours, le calcinant jusqu'à la fibre, en a fait *un caillou,* c'est lui qui rendra l'étincelle !

FIAT LUX !...... et nous bâtirons sur ce caillou.


— Peut-être va-t-on nous reprocher d'abuser de *la métaphore,* en ajoutant que « les comparaisons ne sont pas des *raisons* » ?

— C'est fort heureux pour les comparaisons, car sur cent mille *raisons* données pour une seule chose, il y en a toujours quatre-vingt-dix-neuf mille neuf cent quatre-vingt-dix-neuf de mauvaises, dans la supposition où l'on aurait trouvé la bonne; tandis que toutes les comparaisons sont à peu près bonnes, et il y en a d'excellentes, entre autres celle que nous venons de faire.

Tous ceux d'ailleurs qui avaient pris *charge de Vérité* pour le monde n'ont-ils pas dû l'introduire en fraude par la barrière des préjugés? Les plus hardis fraudeurs ont été saisis *à l'octroi* de la science. Il n'y a guère que les Prophètes qui aient passé leur marchandise, en la masquant d'une auréole, et les Fabulistes, en enfermant la leur dans des peaux de bêtes.

Peau de bête et auréole! nous nous couvrirons de tous les deux, pour passer aussi notre marchandise au nez de Messieurs les *Préposés aux barrières*.

Cela dit, continuons notre métaphore :

«Tu es Pierre, et sur cette pierre je bâtirai mon Église, » est-il écrit dans l'Évangile.

— Un mauvais jeu de mots dont vous n'avez pas même retourné l'habit, diront certains sceptiques.

— La Vérité n'en porte guère ! Il est vrai que le Mensonge, s'étant fait sa camériste ici-bas, la revêt chaque jour de nouveaux oripeaux ; mais *elle s'en déshabille sous le rideau de la nuit,* posant à son chevet les *symboles,* comme une veilleuse, éclairée de la lumière des *songes,* pour guider ses amants.

— Les savants ne sont-ils pas ces heureux mortels ?

— Ch.....ut ! nous ne pouvons vous dire ce mot-là qu'à l'oreille..... les savants ne sont pas les amants, ils sont *les entreteneurs* de la Vérité qui se joue d'eux ; mais en la forçant à porter en plein jour leur livrée scientifique, ils font croire à tous les niais qu'elle les paye de ses faveurs.

Orgueil et stupidité !

La Vérité traîne aujourd'hui les défroques de cette luxueuse livrée dans la mascarade du présent. — Eh bien ! nous les lui arracherons, *dût-elle rester nue !*

Voilà pourquoi, par pudeur, nous avons choisi la Nuit.

— XVI —

Ne lit-on pas encore quelque part dans l'Évangile : « Lorsque la Vérité viendra dans son jour, nul ne la verra; et les uns diront : c'est ici; et les autres : c'est là qu'elle demeure ? »

Nous sommes donc parfaitement en mesure, selon la Prophétie, et même sous charge de *son accomplissement*.

La Vérité, marchant vers la LUMIÈRE, ne peut sortir que des TÉNÈBRES !

# DEDICACE

\* \* \* \* \*

A TOUS CEUX QUI, fatigués d'apprendre, désirent enfin savoir :

FOI, ESPÉRANCE, CHARITÉ.

Foi en soi, Espérance en Dieu, Charité envers tout le monde!

# Salut !

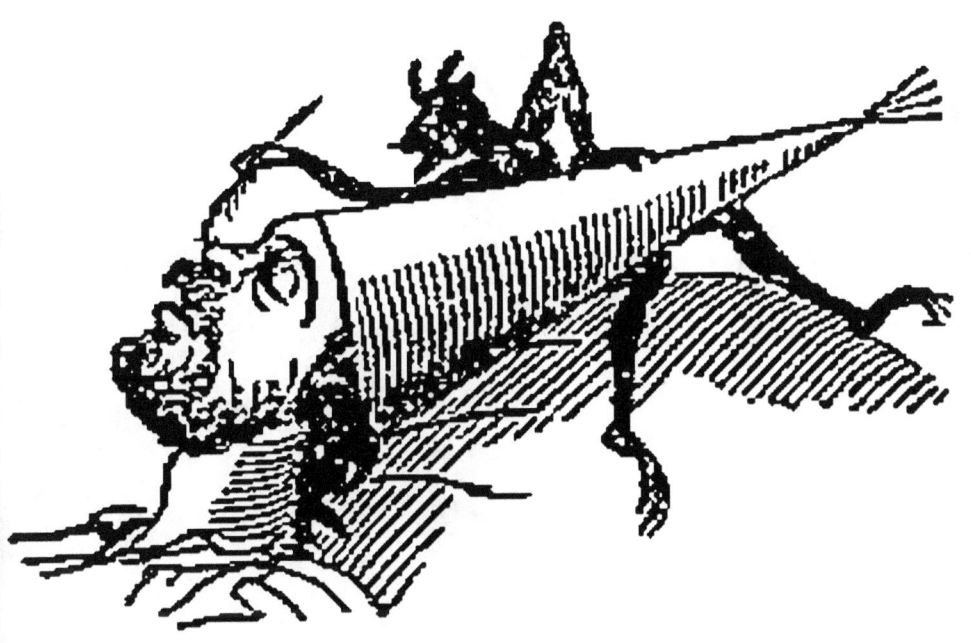

# PRÉFACE

\* \* \* \* \*

La lettre est morte.....—Esprit du Passé, crie! — Présent, tais-toi! — Avenir, écoute!... Voici la nuit.

— Bonsoir, lecteurs..... Si nous rêvons, ne nous réveillez pas.

## — XVIII —

Telle une plante, au soir, sur sa tige inclinée,
Se courbant humblement pour remonter vers toi,
Te demande la Nuit qui verse la rosée ;
Ainsi moi je m'incline en demandant la Foi.


Des choses d'ici-bas nos sens font témoignage ;
Mais n'ai-je point appris que leur *constant mirage*,
A l'envers du réel entraînant mon esprit,
Oppose à son orgueil un fantôme qui rit ?
Je me trouve en repos, pourtant la terre tourne ;
Je vois tourner le ciel qui demeure en repos ;
Mes yeux donc s'égarant où le soleil séjourne,
Le placent devant moi, lorsqu'il brille à mon dos ?


Quand je vois, attentif, à mes pieds l'eau qui passe,
Je me sens entraîné au rebours de sa trace.
L'atmosphère devrait m'écraser mille fois,
Et j'agis librement sans en sentir le poids.
Si mon corps oppressé, présageant la tempête,
Trouve l'air trop pesant, c'est qu'il est trop léger.
Il me semble subir la force que je prête ;
Et sitôt que *je juge* il faut *me déjuger*.


Le rayon lumineux, qui pénètre et se brise
Dans des *milieux* divers, m'impose sa méprise :
En me montrant l'image, il me cache l'objet,
Et toute *cause*, en moi, se transforme en *effet*.

# PRIÈRE DU SOIR

\* \* \* \* \*

> Ce qui a été est maintenant, et ce qui doit être a déjà été, et Dieu rappelle ce qui est passé.
>
> ECCLÉSIASTE, ch III, v. 15.

Emporte ma prière, ô Ciel ! fais-lui sa route
A travers les brouillards dont t'obscurcit *le doute*.
Aux feux ardents du Jour, trop longtemps j'ai cherché;
Ma raison n'en peut plus, mon cœur est desséché.

# TREIZE NUITS

## — XIX —

Pour certitude, enfin, tenant de la science
Que la preuve des sens fournit un *contre-sens*,
Fatalement, j'en viens *à nier l'existence*,
Quand je dis que *je suis, parce que je le sens!*

Telle est de la Raison la limite suprême :
*Aboutir au néant prouvé par elle-même!*
— En marchant à l'envers des instincts de son cœur
L'homme n'aurait-il fait qu'éteindre sa lueur?
— O Ciel! entends ma voix? exauce ma prière!
Ouvre à mon faible esprit la porte du Saint-Lieu!
Mes yeux sont aveuglés; dirige ta lumière
Sur ce cœur affaissé qui recherche son Dieu!

# NOTRE OREILLER.

\*\*\*\*\*

La Foi est une vive représentation des choses qui ne se voient pas et la démonstration de l'Espérance.
Saint Paul.

La Nuit est la *voyance* de ce qui ne se voit pas et la demonstration du jour que l'on espère.
Un Analogiste.

L'Analogie est un changement de ton que la nature indique à sa *clef* (le sentiment); mais la raison, voulant commander le ton, dissone avec la nature et ne chante juste que pour elle-même.
Un Musicien.

La Raison est un pot à deux anses
Michel Montaigne

La Raison est un poids que chacun tare a sa guise pour equilibrer sa conscience dont les plateaux sont fausses.
Un Epicier.

Que la lumière soit!
Moise.

Eteignons les lumieres...
Beranger.

Celui qui juge avec *la lettre* s'enivre d'une bouteille vide; il ne peut donc juger de rien, pas même d'où lui vient son ivresse.
Un franc Buveur.

Celui qui juge avec l'esprit juge de toutes choses; mais personne ne peut juger de lui.
Saint Paul.

Lorsque le Consolateur sera venu, savoir l'*Esprit de vérité*, qui procède du Pere, c'est lui qui rendra temoignage.
Saint Jean.

La table est servie.
Un Domestique.

Mais je vous dis. Aucun de ceux qui avaient ete convies ne goûtera de mon souper.
Saint Luc.

# PREMIÈRE NUIT

\* \* \* \* \*

### I

Nous étant endormi avec cette double pensée que la lumière est fille des ténèbres, et que l'esprit, esclave du corps pendant le jour, retrouvait sa liberté pendant la nuit; voici les idées qui nous assaillirent et que nous donnons pour ce qu'elles sont : *des rêves !* auxquels nous croyons, non pas par ce qu'ils sont, — car tout ce qui est doit un jour ne plus être ; — mais parce qu'ils ont imprimé en nous le Symbole de ce qui — *doit être* — éternellement.

## II

Emporté par les influences occultes ou visibles qui engrènent chacun avec chacun dans les rouade la Solidarité universelle, face à face ou dos à dos avec toutes les raisons dont il se berce, l'homme qui émet une idée et ose se l'attribuer en propre est aussi ingrat envers les autres qu'orgueilleux de lui-même. Deux vilains défauts, dont il ne peut se corriger qu'en apprenant à se connaître.

Pour se connaître, il faut commencer par s'admettre. Ceci est le *moi*, c'est-à-dire l'individualité constatée par un simple sentiment. De là à la connaissance de soi-même, c'est-à-dire de *la valeur du moi*, il se trouve un abîme que nul ne saurait affronter seul.

Relaps de la solidarité, *je* ou *moi* n'a que la parole au conseil de l'intelligence ; c'est *Nous* qui délibère.

## III

Chaque membre de l'humanité, comme un bourgeon croissant sur un arbre unique qu'alimente la séve du temps, fleurit en idée, meurt en fleur ou mûrit; mais ne produit jamais que la fleur ou le fruit de l'arbre auquel il est attaché.

L'homme n'a donc en propre que *sa vanité*. Telle est la valeur réelle de son *moi*. C'est à la puissance vivifiante de la séve que remonte l'honneur de la fleur et du fruit, c'est-à-dire des idées et des actes.

En glorifiant le génie, l'Humanité n'agit que pour elle; aussi attend-elle toujours que la personnification en soit effacée par la mort de l'individu. Comme un arbre, courbé sous le poids de ses fruits, relève la tête aussitôt que ceux-ci sont tombés par terre.

## IV

Cueillant, par avance, le fruit qui a mûri de notre fleur, nous l'offrons à l'humanité comme une provenance d'elle-même. « Il est trop vert, » diront certaines gens.

La seule observation que nous puissions nous permettre, dans leur propre intérêt, c'est qu'*ils ne le laissent pas pourrir.*

Nous offrons de grand cœur ce que nous trouvons bon ; mais nous n'avons de prétention à imposer le goût à personne, puisque c'est, au contraire, au goût que nous en appelons.

Nous ne craignons donc pas la science moderne ; mais nous nous en méfions comme de tous les préjugés, sur lesquels elle n'a qu'un avantage, — celui d'être plus jeune.

## V

« L'homme propose et Dieu dispose, » a-t-on dit. —Jusque là, c'est fort bien ; mais, que l'Académie *impose !* — c'est vouloir plus fort que Dieu, et nous avouons ne pas être de cette force-là.

Nous *proposons*..... l'Académie.... ou Dieu, à son défaut, fera le reste.

Donc, voici ce que nous proposons :

Dieu est le sujet, Être est le verbe et Tout est le complément d'une seule phrase que l'homme cherche toujours à lire, mais qu'il n'a jamais fait qu'embrouiller.

Les uns, lisant la phrase dans le sens que nous l'avons écrite, en commençant par le sujet, disent : *Dieu est tout*. D'autres, mettant le complément avant le verbe, disent : *Tout est Dieu*.

De cette simple inversion, il est résulté que les hommes se sont massacrés sur la terre pendant des milliers d'années, et que les trois quarts de ceux qui la peuplent aujourd'hui sont encore tout prêts à en faire autant.

Quelques-uns cependant, parmi les derniers venus surtout, effaçant d'un seul trait le sujet et le complément, se contentent du verbe comme suffisant à la phrase. Selon eux, *Dieu* et *Tout* ne sont que des négations; l'*Être* est une somme d'individus sans soutien ni lien, libres, par conséquent, de continuer à se massacrer entre eux, de génération en génération, pour le plus grand bien de leur individualité.

O grand saint *Revolvers!* patron des deux Amériques, dernière raison de l'*individualisme*, pourquoi l'intolérance de l'autorité a-t-elle proscrit ton libéral usage dans notre belle patrie? Avec les opinions qui nous divisent, nous aurions de si belles aurores teintes de sang!...

Une Saint-Barthélemy d'homme à homme! Quel progrès!

Ainsi, massacres, toujours massacres, résultant de l'intervention ou de l'élision dans une phrase de trois mots, que tout le monde eût dû comprendre sans la lire.

En la lisant, en effet, il a fallu l'épeler; mais, en l'épelant, on y a trouvé des mots; dans ces mots, on a trouvé des lettres, et avec ces lettres chacun s'est amusé à en composer des logogriphes tellement indéchiffrables, qu'à les expliquer aujourd'hui le sphinx deviendrait obélisque.

Tandis que, si l'on eût voulu ne se servir que des yeux de l'esprit, on eût saisi la phrase complète,

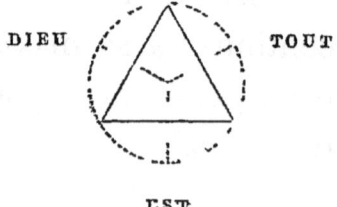

sujet, verbe et complément, dans la simplicité de

ce symbole; et, en le regardant attentivement, nul ne se fût trompé sur sa signification.

On eût compris, d'un seul regard de l'esprit, cette grande *ingénuité* de l'ABSOLU, contenu dans dans la plus concise de toutes les phrases, *Solidarité de trois mots* que l'on peut intervertir dans tous les sens, prononcer dans toutes les langues, ou même ne pas prononcer du tout, sans en altérer le principe; Vérité *mystique et mathématique* à la fois, enfermée dans une circonférence *sans commencement ni fin,* au centre de laquelle l'homme devait accrocher résolûment son esprit, pour le soustraire aux éblouissements de l'éternel tourbillon.

## VI

Ne revenons pas sur toutes les sottises dont l'homme a enrichi le parcours de ce cercle, disons seulement que, parti avec l'ignorance *en face* et l'orgueil *à dos,* après avoir fait un demi-tour, il se retrouve avec l'orgueil *en face* et toute la charge de l'ignorance *sur le dos.*

Emblème de la science humaine, le serpent qui

se mord la queue est *le mensonge* préposé à la garde de la Vérité qu'il étreint à son centre.

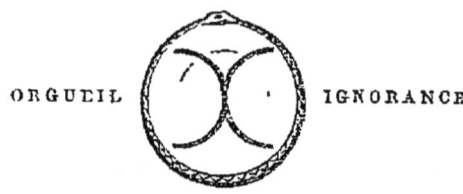

Ce n'est qu'en broyant du même coup la tête et la queue du serpent, c'est-à-dire l'*orgueil* et l'*ignorance,* que l'homme pourra reconquérir un jour la Vérité au sein de ce monstrueux paradoxe.

— Cessez donc d'interroger la matière qui ne peut pas vous répondre, ou plutôt qui se moque de vos analyses en vous glissant sous les doigts; mais interrogez les Symboles, c'est la demeure de l'Esprit, et il en sortira des Oracles!

Si les enfants d'Adam rient au souvenir de la *pomme* (MALUM, *mal, fruit rond;* calembour tiré du latin), c'est qu'ils ne l'ont pas encore digérée. Aussi, sommes-nous loin de nous égaler aux savants qui digèrent encore, tandis que nous éprouvons des nausées.

Nous périrons peut-être de faim, refusant le fruit *malin* qu'ils ont multiplié de graines; eux autres ne mourront que d'en avoir trop mangé.

## VII

La raison est une *lourde massue* qu'il faut savoir manier.

— Combien d'athlètes, célèbres en ce genre, voulant en frapper leurs adversaires, n'ont-ils fait que s'en assommer eux-mêmes !

— Vive l'imagination pour combattre ! c'est une arme légère et qui porte loin.

— Oui ; mais rarement juste.

— D'accord ; sans cela, où serait le mérite de bien viser ?

La science et la raison s'acquièrent ; mais l'*imagination* et le *coup d'œil* ne s'acquièrent pas ; la nature en dispose gratuitement envers qui bon lui semble, et les plus savants sont souvent les plus mal partagés.

Quant à ceux auxquels il ne manque que de la science et de la raison ; ils peuvent toujours s'en procurer, puisque les savants en ont *établi des boutiques !*

— N'avons-nous pas nous-même obtenu tous

leurs diplômes sans grande dépense d'intelligence.... De quoi nous plaignons-nous donc?

— Ni du volume, ni de la quantité, mais de la qualité de la marchandise.

Rentré chez nous avec tous ces *colis* de science, et, les pesant dans notre propre balance, nous les avons trouvés bien légers. Puis, en les déballant un à un, tout s'est expliqué : — On nous avait livré des vessies pour des lanternes.

Ce n'est pas que nous en voulions pour cela à MM. les savants; chez eux, c'est la monnaie courante; mais s'ils sont *à l'aise* dans la science, nous nous y trouvons *à l'étroit*.

— Qu'ils reprennent donc leurs marchandises encombrantes et nous rendent ce que nous leur avons laissé en retour :

Notre jeunesse passée dans un stupide esclavage de corps et d'esprit;

Notre santé, qu'ils ont altérée en nous pliant la poitrine sur les genoux;

Nos membres, dont l'élasticité s'est perdue dans la torture des bancs.

— Qu'ils nous rendent :

Notre imagination, qu'ils ont écrasée sous leur

implacable *laminoir* à deux cylindres, le latin et le grec;

Nos élans dans l'avenir, qu'ils ont étouffés sous les détritus historiques et scientifiques du passé;

Notre sentiment, qu'ils ont réduit en chiffres.

— Qu'ils nous rendent enfin :

Nos instincts, qu'ils ont fait taire, voire même nos passions qu'ils ont *aplaties* et non pas vaincues. Mieux vaut encore cela que de rester *sans cœur*.

Alors, nous les tiendrons quittes du reste, même de notre innocence, bien que nous sachions l'avoir perdue chez eux.

## VIII

S'il n'y a plus de Génies de nos jours, c'est que précisément on a la prétention d'*en faire,* en tirant sur les planches des vieux modèles.

Le Génie ne se copie pas plus qu'il ne copie. Il naît et meurt *original*.

L'instruction *à la mécanique* n'a jamais reproduit que de mauvaises lithographies, et, plus elle en tire, plus elles sont laides.

Arrêtons donc le tirage!

Mais la Nuit, sur un signe du Jour, arrêtant aussi le rouleau de ses impressions, s'enfuit en nous jetant à la tête ces premières épreuves à corriger.

— Si vous y trouvez quelques fautes, amis lecteurs, ne les attribuez qu'à nous. Corrigez encore, en attendant que d'autres vous corrigent..... Et, si les jours vous semblent trop pesants..... que *les Nuits* vous soient légères!

# DEUXIÈME NUIT

* * * * *

## I

A peine, dans notre appétit de sommeil, venions-nous de souffler notre bougie, dont la mèche fumait encore, que la Nuit nous jetant sur le dos, comme pour nous maintenir en face d'elle, nous vîmes, ainsi qu'en un miroir, ce *reflet* de nos propres pensées.

Après quelques questions de ce genre : « As-tu déjeûné, Jacquot? » suivies de cette réponse invariable : « Oui, oui, oui. » ...... « Et de quoi? » dit le maître. « Du rôt de mouton, » reprend l'élève.

Joignez à ceci deux ou trois airs appris sur *la serinette* à latin, et puis : — Portez..... armes!.... Rrran, plan, plan;... plan, plan; — n'êtes-vous pas bachelier!... licencié!!... docteur!!! — En faut-il de plus pour devenir académicien?

Ah! ah! ah! ah! les amusants perroquets!
— Quand donc fera-t-on des hommes?
— Quand? — Nous n'en savons rien. — Comment? — C'est autre chose, et voici la réponse : Lorsqu'ils travailleront à *se faire eux-mêmes,* selon la recette que nous mettons en pratique.

La Foi en soi, l'Espérance en Dieu, la Charité envers tout le monde; mais, « il faut commencer par la Charité, » a dit saint Paul.

Nous commençons donc par *la Charité* envers les savants, qui nous paraissent les plus malades.

## II

— Quoi, c'est là de la charité?

— De la vraie charité, disons-nous, celle qui guérit la plaie et ne l'entretient pas, comme il en est de l'aumône avec l'indigence et de la médecine avec la maladie.

Nous n'avons jamais trouvé, pour notre compte, de personne plus charitable envers nous que le chirurgien qui nous arrachait une dent gâtée. «Ne fais pas à autrui ce que tu ne voudrais pas qu'on te fît,» n'est qu'une charité *négative*. «Fais, au contraire, à autrui ce que tu voudrais bien qu'on te fît,» est la Charité *positive*. — Si nous eussions rencontré, il y a vingt ans, un opérateur assez positivement charitable pour nous extirper notre science *gâtée,* nous n'eussions pas perdu tout ce temps à essayer sur nous cette cruelle opération.

Maintenant qu'elle nous a réussi, nous *la pratiquons résolûment sur les autres.*

Voilà la Charité!

## III

Nous sommes fermes dans notre Foi, parce que nous ne la tenons pas du *Moi*, mais du sentiment de la solidarité. Nous, c'est tout le monde, l'être collectif, l'humanité qui, seule peut avoir con-

*science entière* et la communiquer à chacun de ses membres, qui *la retrouve en soi.*

Voilà la Foi !

Reste donc l'Espérance en Dieu.

— C'est bien vague, dira-t-on. — Moins que l'Espérance en n'importe quoi. Nous espérons *tout*, afin de ne pas nous tromper.—L'espérance qui se limite est la limite de l'espérance.

Or, nous croyons la bonté de Dieu *sans limite.*
Voilà l'Espérance !

## IV

Le mal n'est que *relatif ;* il a son commencement et sa fin. Le bien est éternel et *absolu*, car le bien c'est *la Vie.* — Le mal commence et finit en elle, mais la vie se perpétue sous toutes les formes, sans qu'il soit possible de lui assigner un temps d'arrêt nulle part, ni dans aucune chose ; donc, un jour, elle aura raison du mal.

— Comment alors a commencé le mal au sein du bien suprême ?

—Par l'*orgueil* de Lucifer, cet ange de la lumière *visible,* que nous avons définie les ténèbres, se séparant de la lumière *invisible* qui est le principe actif, la force, en un mot, Dieu, l'*abstraction*, la vraie lumière.

— Est-ce un symbole? Est-ce une vérité?
— Nous n'y trouvons pas de différence.

C'est le premier rayon disant *moi* en s'échappant de son foyer.

C'est la rupture d'équilibre ou *le Mouvement* sortant de la Quiétude divine; la divisibilité brisant l'Unité.

C'est la conséquence absorbant le principe; le fini luttant contre l'infini, la matière contre l'esprit.

C'est le mal venant s'user contre le bien; Satan contre Dieu; la Mort, enfin, s'essayant contre l'éternité de la Vie.

C'est TOUT rendu par un Symbole.

— Qu'est-ce donc qu'un Symbole?
— La Vérité *dans sa peau!*


## V

Devant la Tradition, découvrons-nous la tête.

« Les paroles volent et les écrits restent, » ont dit les hommes de leurs œuvres.

C'est le contraire de celles de Dieu.

— La nature n'est-elle pas le texte écrit dont Dieu souffla la parole?

Tous les jours le texte *s'efface,* et tous les jours il se reproduit; c'est que la parole *est immuable.*
— La parole reste et les écrits s'envolent. — Telle est la loi divine.

Nous disons donc : beaucoup croient écrire, de notre temps, qui n'ont jamais fait que *répandre de l'encre.* Quant à nous, ne pouvant faire autrement, si nous *salissons* notre parole dans l'encre, au moins nous avertissons ceux qui nous lisent de prendre garde à la lettre.

« La lettre tue, » avaient dit les Écritures, sans se préoccuper d'elles-mêmes. Et elles se sont tuées par la lettre; mais elles s'éternisent de *l'Esprit.*

## VI

Il faudrait remonter jusqu'à Brahma ou Vichnou dans l'Inde, Hermès ou Osiris en Égypte, ou Moïse en Judée, pour se faire une idée de ce que nous tentons avec nos faibles ressources.

Que Dieu nous assiste donc! car notre tâche est plus rude encore.

Ces grands génies n'avaient à commander qu'à *l'ignorance* de leurs siècles ; nous avons à vaincre *la raison* du nôtre. Ils imposaient leur système, nous livrons le nôtre à la Raison. Notre système n'est pourtant que le leur...

*Rien n'a changé,* que la Raison!

C'est donc une forte présomption pour croire qu'elle changera encore.

## VII

Parce que notre Foi nous promet le succès, elle n'engendre pas l'orgueil dans notre cœur. Nous avouons même humblement que la Raison est dans son droit de décider le contraire ; — mais, combien de temps le monde encensera-t-il encore cette déesse du jour? — Voilà l'unique question, et on ne peut l'adresser qu'à l'histoire.

Oh! les savants savent très-bien que l'histoire des religions, des arts, des sciences, des lettres et même de la politique nous donnerait raison ; aussi se garderont-ils de l'interroger.

Qu'importe l'histoire à un individu ; pourvu qu'il ait le temps d'user son habit, va-t-il s'inquiéter si la mode en changera après lui ?

— Combien de gens, cependant, ayant raisonné ainsi, seraient aujourd'hui sans habit, s'ils ne s'en étaient pas refait un de pièces et de morceaux ! mais, sont-ils sûrs encore de le porter jusqu'à la fin, et de ne pas, un beau matin, se trouver.... tout nus ?

Si nous passons nos nuits à nous coudre des habits neufs, c'est que nous présageons que l'Humanité va quitter ses *guenilles,* et nous voulons nous trouver à sa mode !

## VIII

La Foi se mêle un peu de prophétie, nous ne nous en défendons pas ; mais, dans les plus mauvais jours de son exaltation, a-t-elle jamais montré l'outrecuidance de la Raison ?

Quand on veut renverser les autels, il ne faut

pas commencer par s'asseoir dessus et s'ensencer soi-même.

C'est pourtant ce que la Raison a fait, au vu et au su de tout le monde; mais la Raison n'a fait que ce qu'elle pouvait.—On ne renverse pas l'adoration, qui est *un principe,* c'est-à-dire, l'indissoluble lien entre le Créateur et la créature intelligente; on ne peut que *se substituer* à Dieu *en se faisant adorer* soi-même. — C'est ce que la Raison a tenté, *de vive force,* en 93. Comme elle n'a pas réussi, *elle ruse,* et nous dit qu'elle était en carnaval et se déguisait en Folie.

C'est donc toujours *carnaval* pour la Raison, ou elle nous trompe?

Car elle n'a pas abandonné ses prétentions.

Elle est tenace et tient à se faire adorer quand même.

Quittant aujourd'hui ses grelots de 93, la voilà qui se déguise en *Science,* joue l'inspirée et prophétise *la certitude.*

— On vous connaît, beau masque!

— Vous êtes la Raison. — Juchée sur le trépied de la Pythonisse antique, drapée dans un manteau semé d'algèbre et coiffée d'un creuset en guise de tiare, *vous rendez aussi des oracles?*... Que le vent disperse donc vos feuilles amphigouriques, *parodie* de la sibylle de Cumes!

— Mais si, vous prenant au sérieux, vous croyez nous révéler les secrets de la nature, — halte-là!

— La matière ne parle pas ; et, puisque la Raison *en a fait sa raison,* — la Raison n'a plus la parole.

SIC TRANSIT GLORIA MUNDI!

## IX

Si peu qu'il reste de conscience de la vérité, d'esprit de sagesse et de *prévoyance,* c'est encore la Foi qui les donne.

Avec la parole de Dieu, le Christ déchira jadis les écrits des hommes, mais les hommes se sont retournés contre lui avec *l'imprimerie.* Croyant mieux étouffer ainsi la divine parole, ils n'ont fait que l'ensemencer, et voici cinq siècles qu'elle couve sous leurs fumiers!

C'est donc, aujourd'hui, du sein même de l'imprimerie, où elle a germé, que va renaître la parole.

— Esclaves de la Raison! ce n'est pas la Liberté

qui *fera le tour du monde*, mais la parole du Christ, afin de nous rapporter la Liberté !

Hélas ! en ce moment le Jour ressaisit notre Esprit qui s'envolait avec la Nuit. Nous nous réveillâmes, maudissant le rayon de soleil qui venait si gaiement nous clouer à notre impuissance.

# TROISIÈME NUIT

\* \* \* \* \*

I

Pendant que la Raison repose, pelotonnée dans la molle substance où se dorlotent nos pensées,— approche, ô Nuit! dans ton grand manteau sombre.—Parle à celle qui, Vestale *invisible,* veille incessamment, dans le tabernacle du cœur, au feu sacré de la vie.

Vestale?..... Mythe terrible de *la Conscience*. Vierge éternelle! qui perdant sa virginité, ne pouvait qu'être *enterrée vive!*

Réalité du mystère! Mystère de la réalité!

Grand Dieu! quel bruit ferait la Raison, cette sage conseillère de nos veilles, si elle nous surprenait devisant ainsi au pays des visions?

— O Nuit! parle bien bas, afin de ne pas la réveiller.

## II

— Nous te voyons maintenant, belle Négresse poudrée de sable d'or! tes yeux brillent de toutes les nuances de l'escarboucle, rien qu'en frottant les nôtres pour te mieux voir.

— Comme le Jour doit t'aimer!... Aussi est-il jaloux de toi... C'est pour cela qu'il te cache de son vilain soleil qui nous éblouit.

Que de fois, cependant, avons-nous entendu ta voix mélodieuse quand tu parlais aux grandes plaines, à l'Océan, aux forêts profondes, aux cavités des montagnes! Mais, nous n'étions pas seul avec toi, comme à présent, dans la *lucidité* du sommeil.

— Pose ta main sur notre cœur qui bat; contenous tes joies et tes douleurs, que nous puissions nous épancher de tes rires et nous enivrer de tes larmes. Berce notre esprit dans tes flots, emporte-le dans tes tourmentes ; soupire, souffle ou mugis ! Et, si notre Raison venait à se réveiller en sursaut... sauve-toi vite... nous lui dirions que tu n'étais qu'un rêve.

## III

Oh ! c'est qu'il faut bien se garder d'irriter la Raison. Elle nous quitterait pour tout de bon, et Dieu sait comme *ses serviteurs* traitent ceux qu'elle abandonne.

La Raison a, tout comme une juridiction du moyen âge, son pilori, ses tortures et ses oubliettes : — le diplôme, la médecine et les cabanons. — Une nuée de tourmenteurs patentés se jettent sur tous ceux qui, fuyant cet horrible despotisme, se réclament en vain de *l'instinct,* du *sentiment* ou du *génie ;* ils vous les emprisonnent, vous les lient au poteau de la science, les tenaillent, les écorchent, les brûlent à petit feu ; et, quand ils succombent, les enfermant dans un drap *au lieu d'un sac* (voilà le progrès !), avec un bout d'ordonnance pour *laisser passer,* ils vous les font jeter dans un trou. — La rivière n'y suffirait plus !...

Couvrons d'un peu de terre la justice scientifique.

Pourtant, si nous osions ? — Osons donc. Il fait nuit ;... personne ne nous verra.

## IV

« Il ne faut se fier qu'à *la réalité,* » disent les savants. Mais, qui donne la conscience de cette réalité, sinon l'instinct, le sentiment, la foi et, en un seul mot, l'AME?

Or, le corps et l'esprit se font équilibre ; mais, l'Ame, qui fait équilibre à tous les deux, *se relève de leur abaissement.* La déchéance de l'esprit ayant entraîné *fatalement* celle du corps, qui parle maintenant à la vue de tout le monde, les savants pressentent l'heure où il leur faudra comparaître devant l'Ame pour lui rendre compte de la dégration du corps et de l'esprit qu'ils avaient chargé d'élever l'un par l'autre. Voici ce qui les terrifie, car ils se savent condamnés d'avance, le Corps et l'Esprit allant plaider l'un contre l'autre.

Et voilà ce que dira l'Esprit parlant au Corps :

— J'étais sans bornes, et tu m'en a donné ; j'avais la liberté, tu me l'as prise pour me river à la satisfaction de tes besoins.

— Pourquoi ne t'en tenais-tu pas là ? dira l'Ame.
— Est-ce toi qui me parles ainsi, ô mon juge ? répliquera l'Esprit. J'ai cherché et j'ai trouvé ; mais, à mesure que je trouvais, le corps dévorait, et, plus je le satisfaisais, plus encore il voulait de satisfaction.

— Afin de te satisfaire toi-même, Esprit injuste, lui répondra l'Ame, car tu n'as de satisfaction qu'à *chercher toujours*. Ainsi, pour te donner le plaisir de chercher, as-tu nié ma propre puissance et *privé* l'homme de la ressource *de ses instincts*, qui l'eussent conduit directement à son but. Inventant mille moyens plus ou moins scientifiques pour suppléer aux instincts que tu tuais en moi ; en te glorifiant tu m'as humiliée, et l'un et l'autre, Esprit et Corps, vous vous ressentez aujourd'hui de mon humiliation. La satisfaction n'était qu'en moi-même, dans l'Ame, et vous la lui avez ôtée. Donc, à mon tour, *j'ai besoin de satisfaction*, et je vais me satisfaire en rétablissant *l'équilibre,* c'est-à-dire, la justice dans l'homme.

— Ame que vas-tu prononcer contre moi? murmurera l'Esprit, se sentant coupable.

— Que les reproches du Corps soient ta seule punition, répondra l'Ame.

Alors, voici ce que dira le Corps, s'adressant à l'Esprit :

— Quitte la Science et viens avec moi, ô mon Esprit ! afin que nous soyons sauvés dans le giron de notre Ame. Que t'a donc fait la Science, cette orgueilleuse maîtresse, que tu la préfères à moi?

— Est-il meilleur mécanicien que la main? — Meilleur chimiste que le goût? — Plus subtil essayeur que l'odorat?—Est-il si bon instrument qui ne cède à la voix? — Si grand compositeur qui ne jure à l'oreille?— As-tu trouvé meilleur médecin que les exercices du corps?— Est-il enfin un inventeur de plaisirs préférables à l'Amour? — Réponds, Esprit.

— Tu te tais ! — En quoi t'ai-je jamais manqué? Je suis ta moitié, je suis ta chair; je ris, je chante, je pleure, je souffre et *je meurs pour toi;*

cependant, tu me délaisses sans vergogne, et ce n'est pas assez que tu donnes ton amour à la Science *qui te trompe;* tu courtises encore la Fortune *qui se prostitue à tout venant.*

C'est toi qui, surchargeant notre plateau du poids de l'or, l'as fait basculer si bas que l'Ame, élevée dans l'autre plateau, nous traite aujourd'hui de toute sa hauteur.

— O mon Esprit! rendons l'or à la terre, c'est-à-dire employons-le à l'amélioration du sol dont il est sorti. — Replantons ces forêts que nous avons coupées et qui s'en vengent en nous livrant à l'inondation.—Introduisons, par de vertes plantations, l'action de la nature dans nos villes, monstrueux entassements de pierres inertes et de débris humains. — Nous avons de l'or! tant mieux, si nous l'utilisons à *bien faire* au lieu de *faire beaucoup;* car, en mettant le bon marché avant la perfection, nous nous crétinisons à mal faire. — En abusant des machines, ô mon Esprit! tu as perdu ton meilleur ouvrier, et celles-ci, faisant les fonctions du corps, tu n'as plus laissé au corps que des fonctions de machine. Je t'ai prouvé qu'il en avait de plus délicates. — Reprends donc tes fonctions, et je reprendrai les miennes; *l'instinct* renaîtra pour moi et *l'imagination* pour toi ; et l'Ame, qui nous juge, en nous voyant si bien d'accord, *descendra de son haut* pour nous donner la main.

— Bien parlé, prononcera l'Ame. — Il était temps que le Corps en remontrât à l'Esprit ; mais qu'il n'en prenne pas d'orgueil, car il serait encore plus abaissé. L'Esprit et le Corps peuvent bien essayer de tromper l'Ame ; mais l'Ame ne peut pas se tromper elle-même, parce qu'elle est *le principe* de la lumière et de la Vérité.

## V

Les choses que nous voyons ne vont à l'Ame que *par les yeux*. Que de *mirages* n'a-t-on pas déjà découverts qui devraient cependant certifier l'existence de tant d'autres, si les savants, se prenant pour des *aigles*, n'avaient pas trop compté sur leurs yeux éblouis par le jour !

Quant à nous, qui avons pensé que notre Ame pouvait bien avoir la faculté du *hibou* pour se guider dans la nuit ; comme les choses que nous y avons vues n'ont pas passé par les yeux du corps, nous ne craignons plus de les affirmer comme *des Certitudes*.

## VI

— Parle donc, ô Nuit superbe ! parle haut et sans crainte. Si tu réveilles la Raison, tant pis pour elle ; — nous lui dirons qu'elle est folle.

S'enfermant seule au logis, n'en a-t-elle pas jeté la clef par la fenêtre ? — Qu'elle attende à présent que l'Imagination, rentrant par la fenêtre, lui rapporte la clef du logis.

« L'Imagination, *folle du logis !* » — Sans doute parce qu'elle n'y reste jamais ? — Voilà bien une raison de savant, si ce n'est pas une savante raison !

L'Imagination, fille de la lumière invisible et du cœur, a des ailes, et, comme l'hirondelle, *perche sur les toits;* mais n'entre pas dans la maison.

*La Folle du logis,* c'est la Raison, qui se salue devant sa glace et se rend ses politesses.

La Raison, qui fait de la charpie et ne sait pas en tamponner ses plaies.

La Raison, qui s'enchaîne à un boulet et *se croit*

*libre*, parce qu'elle a forgé sa chaîne et fondu son boulet.

La Raison, qui renfermée dans la tête, comme en *un cabanon*, y joue la Reine, et trône enveloppée de défroques qu'elle a recousues pour s'en faire un manteau royal.

La Raison, enfin, cette *vieille folle* de tous les siècles, qui se prétend née au DIX-HUITIÈME, parce qu'elle n'a jamais eu d'état civil auparavant ; et qui n'a d'autre titre à la charité publique qu'un *certificat d'indigence* qu'elle s'est fait délivrer par un grand chirurgien de l'Esprit, charlatan fort en vogue, — Voltaire, le grand *cautère* de son siècle !

Voilà la Folle du logis ! s'il y en a de pires à Charenton, qu'on les lâche.

« Plus on est de fous, plus on rit ! »

## VII

Si la Raison ne se réveille pas sur le coup, c'est qu'elle est morte. — Mais, non ; elle s'agite, elle voudrait parler, elle étouffe.... un cauchemar l'étreint.

Séparons-nous, ô Nuit! et n'affrontons pas le réveil de la Raison, qui serait terrible.... En se voyant toute seule, elle se figurera sans doute n'avoir entendu que l'écho d'elle-même.

Si cela pouvait lui donner *une idée* de la conscience !


— A propos, chère Nuit! tu n'as pas dit un mot, et nous avons toujours parlé!...... C'est étrange!..... Demain tu nous en donneras l'explication.

— Adieu, belle silencieuse!...

..... Il est inutile, pensons-nous, de te recommander l'exactitude, c'est toi qui règles le Soleil. — Un baiser de notre part à l'Aurore, en passant, et nos respects à la nouvelle Lune.

— Pars vite, et ne t'embarrasses pas dans les chevelures des comètes ; les astronomes, qui les *démêlent,* te maudiraient. — L'astronomie est l'Arche sainte, l'*Évangile de la science !*

Sapristi! n'y touchons pas.


— Pourquoi ris-tu? ô Nuit! tu ne comprends donc pas qu'en t'obstinant à garder le silence, tu nous obliges à garder la parole ; et nous pourrions en abuser. — Une dernière fois : va-t'en ! — Mais n'oublie pas de nous rapporter une planète nouvelle, ni trop grande, ni trop petite, une planète *de poche,* visible au télescope....

Tu nous feras bien plaisir.

## QUATRIÈME NUIT

\* \* \* \* \*

I

— Pourquoi viens-tu si tôt, Nuit cruelle, le front tout rouge encore du dernier baiser du Soleil! Notre Raison veille, remise à peine de son cauchemar d'hier. — Oserais-tu donc l'affronter en face ?

La Nuit, alors, sans qu'un seul pli ridât sa bouche silencieuse, se mit à parler, et nous entendîmes *le Silence*, qui est la voix de la Nuit.

— Si je viens à l'heure où la Raison veille encore dans vos têtes, c'est que bientôt elle n'y veillera plus. Car Dieu l'a condamnée, comme moi, à la poursuite éternelle de son contraste qui la poursuit.

Ainsi, la Raison chasse la Foi devant elle et la retrouve derrière elle, comme le Jour et la Nuit se poursuivent en embrassant la terre, sans pouvoir jamais s'embrasser.

O Raison! apprends cela de la Nuit!

S'il t'a plu d'élever un tribunal en toi-même pour y casser les jugements de Dieu; je le récuse, et n'y comparais pas. Mais je m'humilie devant toi, afin que tu abaisses ton orgueil à en appeler, avec moi, devant Dieu; car il ne nous entendra pas avant que nous nous soyons entendues.

.... Commençons donc par nous entendre.

— Nous entendre... Et sur quoi? glapit la Raison de sa voix railleuse.

— Pour commencer par s'entendre, il faut *s'entendre sur le Commencement*, lui repartit la Nuit, tirant comme à regret de son sein un bouquet de noires pensées.

Coupables, victimes et juges dans ce grand *procès de nous-mêmes,* pouvons-nous faire autrement que d'y assister?... Laissons plaider.

La Nuit secouant alors, sur nos fronts endormis, son bouquet de pensées, en effeuilla ces paroles, que nous recueillîmes.

## II

« Dieu n'est qu'*un mot*, as-tu dit, Raison folle ? S'il n'était, en effet, qu'un mot, il ne serait pas.

Dieu est l'*Idée* dans l'éternelle plénitude de son abstraction. — Il pouvait donc se renfermer dans son abstraction et y rester comme la conception du point géométrique :

Il n'en eût été ni moins infini, ni moins éternel, ni moins tout-puissant. Car *le point*, illimité en lui-même, n'en est pas moins l'origine de toute conception limitée qui, ne pouvant s'y inscrire, est nécessairement forcée de s'y circonscrire et de se traduire en un *cercle,* symbole de l'infini.

La figure de la représentation de l'Idée *conçue* serait donc celle-ci :

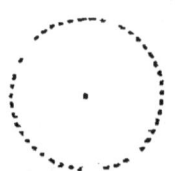

Le point centre d'un cercle formé lui-même d'une infinité de points.

Telle était la ressemblance du Tout-Puissant gravée par les anciens Égyptiens *à l'orient* de leurs temples, et ils la présentaient dans cette position à l'adoration des hommes, afin que ceux-ci, voyant tour à tour se lever devant eux le Jour et la Nuit, s'habituassent, dans la contemplation de ce *contraste éternellement renouvelé,* à retrouver toujours la Vérité dans un cercle.

## III

Alors, nous entendîmes une autre voix, succédant au silence, et qui disait :

— Cette figure est la mienne !...

> Me voyant ; Moi l'Esprit, Moi *l'actif* invisible,
> J'ai créé *le passif*, ou la Lettre visible.
> C'est ainsi qu'à Moi-même opposant Lucifer,
> Je me suis *réfléchi* les rayons de ma gloire.
> Le Monde, *à mon image*, enfantera l'Enfer,
> Se livrant le combat dont je suis LA VICTOIRE !

Et l'homme, un jour, se verra comme je me vois :

Voyant et vu, actif et passif, fatalement *double* sans cesser d'être Lui, c'est-à-dire, *un seul*.

Résumant donc en un point les deux extrêmes de Moi-même, — je suis *Cercle* — en esprit comme en figure, et, les jugeant l'un par l'autre, je vais me mesurer.

Or, comme tous les cercles se ressemblent, depuis le plus grand, qui a l'infini pour rayon, jusqu'au plus petit, qui s'évanouit dans un point;

ouvrant simplement un *compas* (instrument, comme moi, *double en un seul*), je tiens toutes les mesures.

Et voici :

Partant d'un centre, à ma *volonté*, après avoir tracé de mon rayon, qui en est *l'extension*, une circonférence quelconque ; *renversant* l'action de ce rayon de ma circonférence à mon centre, je décris ainsi une circonférence *égale* à la première, qui n'en prend que *le tiers* et aussi $\frac{1}{3}$ d'elle-même. Mais, en recommençant *trois fois*, j'ai divisé ma circonférence en *trois parties égales* par *la répétition de sa propre image*.

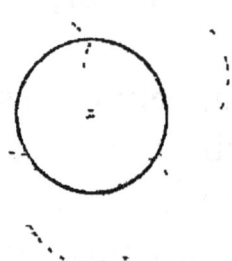

Trois est donc la mesure de Moi-même, tirée de Moi-même, l'Esprit de ma Trinité, les *Angles* de ma figure *réunis de chacun à chacun* dans le Triangle, émanation fatale, première et sacrée du Cercle ou de l'Infini *divisé par lui-même*.

# IV

Me mirant de mon centre et m'apposant *Face* à *Angle*, je multiplierai ainsi—à l'infini—le Cercle par le Triangle, et le Triangle par le Cercle dans le *Kaléidoscope* de Moi-même.

Pareil à cet instrument, dont les hommes ont fait un jeu d'enfant, — *réfléchissant* pour varier le cercle, *circulant* pour varier la réflexion ; je serai *toujours différent*, sans cesser d'être *éternellement le même*.

Mais, me voici tel que je me réfléchis en Moi-même et dans tout :

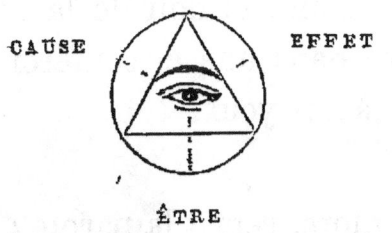

Être-Effet *réfléchi dans le miroir de* la Cause ;
Être-Cause *réfléchi dans le miroir de* l'Effet ;
Cause et Effet *réfléchis dans le miroir de* l'Être.

Triple répétition du Triangle, réflexion de trois dans trois, LA TRINITÉ chrétiennement symbolisée par :

Le Père, *synonyme* de Cause ;
Le Fils, *synonyme* d'Effet ;
Le Saint-Esprit, *synonyme* de l'Être.

Les Trois ensemble étant Moi, l'Idée *unique*, Moi : DIEU !

## V

En ce moment, les accents de la voix qui nous parlait, comme une spire avalant ses anneaux, rentrèrent dans notre cœur, et les figures, qui brillaient sur le manteau noir de la Nuit, s'éteignant au contraire dans une circonférence insondable, disparurent à nos yeux.

La Nuit, alors, reprit la parole :
— Cette dernière figure, nous dit-elle, est l'emblème de la Providence ; L'ŒIL, que les Sages d'Égypte avaient surmonté d'un *chat*, et qu'ils recommandaient à tous de porter, comme le plus

puissant des *Talismans;* étant l'hiéroglyphe sacré de leur Foi !

Ce qui prouve leur ridicule superstition, s'écria notre Raison, qui n'avait dormi que d'un œil.

—Pour toi, Raison, qui ne regardes qu'à la lettre, c'est possible, repartit la Nuit ; mais, pour les Égyptiens, qui avaient inventé une écriture dont les signes correspondaient à une pensée tout entière, outre que le Chat était pour eux l'emblème de *la pureté,* comme le Chien signifiait *l'impureté;* l'animal symbolisé, pris ici pour son instinct *vulgaire* de propreté, révélait, aux moins intelligents, l'intention de la phrase hiéroglyphique qui était celle-ci : *Recouvre ce qu'il fait.*

Et cette sentence dominait L'ŒIL, c'est-à-dire,

l'emblème de la Providence, qui, elle aussi, recouvre ce qu'elle fait !

*La Spirale* et *la larme* (que les antiquaires ont prise pour *une goutte de sang*), qui complétaient la partie inférieure du talisman, étaient les insignes de l'Esprit et de la Matière. Le premier désignant par *la spirale,* son *activité* et sa tension vers l'infini ; l'autre, exprimant par *la larme* sa *passivité* et sa tension vers la terre.

Ainsi : — La Spirale, *symbolisant* l'Esprit, *qui est* Cause et *l'actif ;*

La Larme, *symbolisant* la Matière, *qui est* l'Effet et *le passif ;*

L'Œil, *symbolisant* la Providence, *qui est* l'Être ou *le réfléchi.*

C'est-à-dire, le Père, le Fils et le Saint-Esprit ; la Trinité montrée, démontrée, reconnue et adorée plusieurs milliers d'années avant l'ère chrétienne, et *se dévoilant,* de nos jours, à l'incrédulité systématique de la Raison par un antique symbole qui, l'abritant sous *sa lettre,* en a conservé *l'Esprit.*

Cette signification était trop *visible* pour ne pas échapper aux savants qui ne visent qu'aux profondeurs. Aussi, M. Champollion ne l'a-t-il pas comprise et n'a fait que *dévoyer* ses successeurs.

Il est vrai qu'à l'époque de la grandeur égyptienne, il fallait — *savoir penser* pour *apprendre à lire*. — Que n'en est-il encore de même ! Il n'y aurait pas tant d'aveugles pour juger des couleurs et *la critique* ne serait pas devenue une pitoyable infirmité.

## VI

— Si l'explication n'est pas vraie, reprit la Raison, elle est au moins fort ingénieuse.

— Ingénieuse sans être vraie ! Voilà le plus triste des blasphèmes, pauvre Raison, et que tu répètes bien souvent pour t'en faire une arme contre le Génie. — Te crois-tu plus d'esprit que l'Esprit même ; plus forte que Dieu, pour inventer *mieux* que lui ?

— Non, certes.

— Eh bien ! quand tu reconnais l'Esprit quelque part, tais-toi donc. Tout *ce qui est ingénieux*, venant du plus pur de l'Esprit, reste éternel et vrai. *Ce qui ne l'est pas* n'est qu'une erreur des sens ou de la raison, un mensonge qui passe aussi vite que la science des hommes.

—Et quand les hommes nageront dans tes eaux, c'est-à-dire, prendront la Nuit pour le Jour, dit en riant la Raison, tu seras satisfaite?—Glorieuse! je te vois venir....

— Tu te trompes, interrompit la Nuit, car je m'en retourne....

Souviens-toi seulement de cette Vérité traditionnelle : « La lumière est le *seul principe*, parce qu'il est le *premier*. » En voulant en chercher d'autres, les savants n'ont fait que *se clore* l'œil.

Or, ce qui fait que l'on voit, *part* de l'œil, et c'est la Lumière.—Ce qui est vu y *entre*, au contraire, et ce sont les Ténèbres.... Lumière et Ténèbres!... La Création tout entière n'est qu'*un problème d'optique!*

— Mais l'histoire, mais la chimie, mais l'astronomie, mais ma planète? s'écria la Raison.

— A demain, si j'y pense....

## VII

Quand nous nous réveillâmes, la Nuit était déjà loin, mais nous recevions dans l'œil un rayon de soleil. Ce qui nous décida à fermer nos volets pour y voir plus clair.

« Le mieux est l'ennemi du bien. »

O Paradoxe!!!...

Les Orientaux l'avaient *déifié* par l'adoration des deux principes du bien et du mal, Ormuzd et Ahriman ; et nous ne paraissons guère nous être éloignés de leur tradition.—Ne faut-il pas, en effet, que Dieu *tienne étrangement* à Satan pour l'avoir fait éternel?

Le mieux, étant l'ennemi du bien, ne saurait être que le mal. Nous marchons donc à celui-ci, sous prétexte de Progrès! Car Dieu, ayant tout créé pour le bien, même la Liberté; celle-ci, qui ne trouvait plus rien à *faire,* n'a pu s'utiliser qu'à *défaire.*

De là, *la création* du mal, qui n'est que *la destruction* du bien.

L'homme a donc tout détruit aujourd'hui, même la Liberté, par *sa* liberté! Et, le voici, au sommet de la civilisation, *aussi pauvre qu'à sa chute.*

Tout est à refaire; mais Dieu est là!

5.

## VIII

Il est vrai que notre Raison ne croit pas à LA CHUTE ! — C'est tout simple : — Elle *nie son origine*, comme le jour nie la sienne en effaçant la nuit. Ne voulant pas s'avouer son vice, elle l'augmente en se gonflant d'orgueil. *Cause première* de tous les maux, elle ose s'en prendre à Dieu, et va jusqu'à lui disputer la direction du monde.

C'est Satan *tout craché !*

SATAN ! — SATIS, assez, trop, *saturé*, — Le Dieu des *satisfaits !* dont les Éclectiques, en religion, en philosophie et en science, ont relevé les autels !

Sous la direction de ces faux apôtres, le monde moderne, *troquant* sa Foi contre la Raison, renchérit sur le fanatisme du moyen âge par l'absolutisme de ses doctrines. Voulant *communier* encore, mais ne le pouvant plus, parce que *tous* ont brisé la table commune, *chacun* officie *pour soi-même* à la sienne, buvant le vin et mangeant l'hostie qu'il se consacre !

Honte et blasphème !

L'*individualisme* l'emporte, la division triomphe, le lien est brisé, Satan *déchaîné!*

Mais, — Satan déchaîné — c'est le *trop plein*, le satis-factum..... (Complet : assez comme çà!).

— La coupe d'amertume déborde, ô Raison !

— Tu l'as remplie : tu la boiras !

— D'où vous vient cette fureur prophétique ? interrompit notre Raison frémissante en nous-même.

— Du rayon de soleil qui nous a frappé dans l'œil.....

Notre Raison s'enfuit en nous lançant, par prudence, nos couvertures sur la tête.

# CINQUIÈME NUIT

\* \* \* \* \*

## I

Ne nous étant pas levé de tout le Jour, nous nous trouvions prêt à recevoir la Nuit.

Elle ne se fit pas attendre.

— La Raison vous est-elle revenue? nous demanda la Nuit, se glissant tout doucement entre les plis de nos rideaux.

— Que t'importe, s'écria notre Raison éveillée, s'adressant à la Nuit, est-ce que je me mêle de tes affaires ?

— Mieux vaudrait cependant, répliqua celle-ci, que de me nier de prime autorité lorsque ton devoir est de *tout expliquer*. Quoi qu'il se passe dans l'esprit de l'homme durant les nuits — cela est *vrai*, puisque cela s'y passe. — Ta négation n'est qu'une preuve d'impuissance, et ton défaut d'explication *un mensonge* à ton devoir.

— Va toujours, je t'écouterai si cela me plaît.

— Puisse-t-il aussi plaire à Dieu de t'ouvrir l'oreille, prononça la Nuit !

Deux minutes après, notre Raison rentrait dans sa moelle cérébrale, et nos nerfs, s'accordant à l'unisson de la Nuit, vibraient d'une harmonie plus grave.

Nous recommencions à rêver.

D'abord ce fut un papillotage de lumières confuses, puis nous vîmes un tableau d'un noir mat, grand comme l'horizon, où courait un crayon de feu à la pointe acérée comme une étoile. Aucune main visible ne le dirigeait ; mais nous entendîmes l'Idée qui parlait :

«Donc je me comprends et je m'explique,

| | |
|---|---|
| Fatalement *simple* en ma Cause . . . . | 1 |
| Fatalement *double* en mon Effet . . . . | 2 |
| Fatalement *triple* en mon Être . . . . . | 3 |
| | — |
| Je m'additionne et je me trouve *six*. . . | 6 |

Me multipliant alors des mêmes éléments, Je me trouve :

$$1 \times 2 \times 3 = 6, \text{ ou encore } six.$$

*Somme* ou *produit* résument le même nombre en moi. Je n'augmente et ne multiplie que moi-même. — Je suis six !

Ma mesure ne s'étend pas au delà, bien qu'elle soit aussi celle de *l'infini*, et je dois la retrouver dans le Cercle qui en est l'expression suprême.

Quelle que soit en effet la dimension de la circonférence décrite, — celle-ci ne se trouve-t-elle pas toujours divisée en *six parties égales* par la longueur de son rayon ?

Ainsi se confirment mutuellement mon nombre par ma figure, et ma figure par mon nombre.

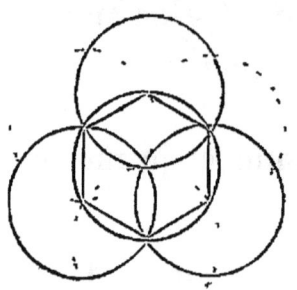

Six toujours !

Et Moi, l'invisible et l'immesurable, l'Idée ! ayant trouvé ma figure et ma mesure dans le *Cercle*, j'en ferai le *Fait* éternel, Fatum ! la loi du Destin ! Et je la maintiendrai.

Cela dit, l'Idée rentra en elle-même.

## II

— Mais l'œil de sa vigilance ne s'y endormit pas — nous dit la Nuit ; placé au centre du divin triangle, il vit que celui-ci en reproduisait un autre en lui-même par la réflexion de ses angles dans le milieu de ses faces, et qu'il *se doublait* par opposition : $3 + 3 = 6$.

Se trouvant encore une fois *six*, Dieu s'en applaudit. « Je me suis consulté QUATRE fois, et chaque fois je me suis répondu SIX, » dit-il. Je formerai mon *conseil* de ces deux nombres multipliés :

$$6 \times 4 = 24.$$

Ainsi seront expliqués les VINGT-QUATRE vieillards assis sur les degrés de mon trône symbolique; et ils ne seront encore que le même nombre, car en les voyant côte à côte je les additionnerai ainsi, et dans 24 je verrai :

$$2 + 4 = 6. \text{ Six éternellement!}$$

Donc je me manifesterai dans mes œuvres par ce chiffre et par cette figure ; et comme la Création sortira perpétuellement des entrailles de la Nuit, on la désignera par *Jours*; qui seront *six*: Mais en m'admirant de mon *Centre*, j'y établirai *le septième*.—Je me glorifierai ainsi dans SEPT ; j'en ferai mon symbole et je m'y reposerai. »

Ayant dit ces mots, Dieu rentra encore en lui-même ; mais il laissa sa porte ouverte......

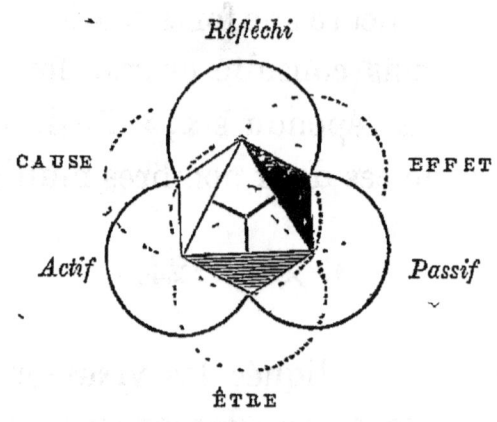

OCULOS HABENT ET NON VIDEBUNT.

## III

Enveloppée du mystère, ajouta la Nuit, j'osai franchir le seuil de cette demeure sacrée. Dieu m'attirait-il?... agissais-je de ma propre volonté?... je l'ignore.... J'entrai!

Hélas! continua la Nuit, tremblante encore au souvenir de ce mystère qui précéda le Temps...... Je le voyais;..... il me regarda.... — *Agir et subir à deux dans un acte unique;* — c'était l'Amour!

De son regard *croisé* avec le mien, Dieu m'avait *fécondée*......Je m'enfuis refermant sa porte; honteuse et glorieuse à la fois de sentir en mes flancs s'éveiller la Lumière. Mais, en me retournant, je vis cette porte *close*.

C'était le Tétraèdre, c'est-à-dire l'espace constitué par le triangle, formant *le premier solide régulier*, de trois côtés sur quatre faces,

$3+4=7$, Sept, nombre sacré, donnant aussi le type de toutes formes régulières de la matière.

Tel fut le commencement, — foi de Nuit! Si c'est faute, je m'en repens.

## IV

— Maintenant, savante Raison, que tu m'as bien entendue, ne pourions-nous pas nous entendre?

— J'attendrai que tu m'aies raconté *la fin*, reprit la Raison, Fille du Jour, je ne le renierai pas pour te croire, et je prendrai son conseil.

— A ton aise, repartit la Nuit. Aussi bien l'heure est venue, il faut que je parte. Rappelle-moi au souvenir de ton père. Nous nous voyons si peu qu'il m'oublie sans doute.

— T'a-t-il jamais vue seulement?... Tu fuis quand il paraît.

— Néanmoins nous nous rencontrons les jours d'éclipse.

— C'est, parbleu vrai, s'écria la Raison, mes astronomes tiennent registre de vos *chastes* rendez-vous dans les bureaux de l'Observatoire ; mais le Jour n'a pas encore pour toi, que je sache, fait de *trou à la Lune*.

— Tu parles en fille bien élevée, dit la Nuit ; mais qu'en sais-tu? Si je ne m'y intéressais de moitié, ton glorieux père serait fort mal dans ses affaires, et toute la séquelle des astronomes n'en finirait jamais à les débrouiller.

— Ne suis-je pas avec eux, reprit en se rengorgeant la Raison.

— Et moi donc! ajouta la Nuit; seulement j'habite un endroit où bien certainement tes astronomes n'ont jamais mis les pieds.

— Mais ils y ont braqué leurs télescopes.

— Magnifiques instruments pour *se rapprocher des erreurs!*

— Que dis-tu là, ignorante?

— Je dis que les erreurs grossissent à être vues de plus près. Voilà tout.

— Mais les astronomes ne s'appuient que sur la réalité, jura notre Raison.

— Ou bien sur des images qu'ils prennent pour elle ; car ils n'ont jamais touché la réalité, ni du doigt, ni de l'esprit.

— Ils l'ont touchée de l'œil, et fixée dans l'esprit par le calcul. Cela ne suffit-il pas?

— Non, repartit la Nuit; car si l'œil est trompé

par *un mirage,* le télescope ne fait que l'*augmenter* et le calcul que le *multiplier.*

## V

— Prétendrais-tu me faire accroire que l'astronomie est l'effet d'un mirage, s'écria la Raison ?... Voilà qui serait drôle.

— Moins drôle que le système tout entier du célèbre Newton. La plus stupéfiante *bourde* que la science des chiffres et celle de l'observation aient encore fait avaler à l'humanité.

Ayant franchi la limite du *sens commun* pour mesurer l'immesurable, sans pouvoir atteindre à la hauteur de l'*imagination*, les astronomes se sont condamnés, eux-mêmes, à errer à l'aventure, dans l'espace infini qu'ils ont voulu sonder ; jusqu'au jour où, rassasiés de *vaines images,* ils retomberont sur la terre *qui les produit toutes* où crèveront de vanité dans le vide de leur science.
— Mais ils n'attendront pas longtemps, car leur fin sera l'accomplissement d'une prophétie, et *le signe le plus curieux* de l'époque.

Un *revirement* de la Foi !

## VI

— O Nuit! tu blasphèmes.

— Non, je replie mon manteau semé d'étoiles et m'en vais avec le secret des cieux.

Bonjour, naïve Raison, nous nous retrouverons ce soir.

— Va-t'en à tous les diables!

— Merci, j'ai bien assez de toi.

Sur ce dernier trait lancé à notre Raison, la Nuit, nous brûlant politesse, s'évada si prestement, qu'en repoussant nos rideaux pour la voir partir, nous nous trouvâmes en face du Jour.

Un instant après, notre Raison, reprenant son service, se frottait les mains, sous prétexte de savonner les nôtres, en procédant à notre toilette du matin.

Néanmoins l'anathème, lancé par la Nuit, semblait la troubler encore au milieu de ses fonctions vulgaires, et elle battait l'eau de notre cuvette, comme si *le Diable en personne* y fût tombé.

Dans son irritation notre Raison fit donc beaucoup de mousse, s'envola dans une bulle et..... creva en l'air.

# SIXIÈME NUIT

\* \* \* \* \*

## I

Certaines choses nous arrivent le jour, qui s'écrivent dans notre mémoire en un petit volume que nous aimons à repasser le soir, avant de le caser définitivement dans la bibliothèque de nos rêves.

Relisons les extraits de ce jour.

Dîner à deux, lentement préparé, madère sec, bourgogne parfumé, champagne pour rire, pas une goutte de bordeaux, cette lessive de raisin.

Promenade après, côte à côte, dans un moelleux coupé, affrontant les regards d'une foule qui vous envie.

— Charmante femme! Heureux garçon!

Ni l'un ni l'autre n'envient personne...... Ils s'aiment, ils se suffisent.

Mais le Soleil a refermé sur lui ses rideaux cramoisis. Les yeux, s'éteignant à terre, se rallument au ciel, et la parole revient au lèvres aimantes.

— Ce brillant soleil n'a-t-il donc pas une amie au ciel? commença la jeune femme.

— Regarde à l'horizon, ma belle....

— J'aperçois bien d'un côté la Lune sortant de son lit sombre; mais, de l'autre, le Soleil s'enfonce dans un édredon de nuages.—Cherchent-ils donc à s'éviter?

— Tout au contraire, *ils font l'amour* dans le ciel. Le Soleil poursuit sa course en vainqueur, et la Lune, faisant la coquette, tourne autour de nous, se montrant quand elle l'évite, et se cachant quand elle l'atteint.

— Alors, quand nous ne la voyons plus?

— Elle est face à face avec son amant.

— Et que font-ils durant l'éclipse?...

— L'éclipse.... Oh!... l'éclipse est.... l'*indicatif présent* du verbe aimer. Toute la nature le conjugue; Dieu seul le garde à l'*infinitif*.

— Aimer est donc divin?

— Le secret de l'amour est l'amour même de ce secret. Il se découvre en se cachant et se *recache* en se découvrant. La vérité de l'éclipse, n'est que l'éclipse de la vérité, et l'astronomie — un mensonge sans l'amour.

— A ce compte, tenez-moi pour parfaite astronome, et je vous signale une éclipse.... celle de l'hymen par l'amour.

— Après toutefois celle de l'amour par l'hymen. Les cœurs sont, comme les astres, soumis à l'éternelle révolution. Tout tourne et revient à son point en le fuyant toujours; mais chacun, en passant, s'interpose à chacun et produit éclipse à son tour. La mort elle-même n'est qu'une grande éclipse qui présage le retour de la vie.

— Qu'est-ce donc que la vie?

## II

— Un jeu de l'amour où le cœur est toujours *atout*. Les uns, le jouent serré, les autres, cartes sur table ; chacun y triche à qui mieux mieux, s'exagère ses gains ou ses pertes et court sans cesse après sa revanche. Mais, par cela que l'amour est un jeu, quand on y triche, on ne le joue pas, et, pour les cœurs sincères, il doit rester *un mystère*.

Vu du ciel, il éclipse la terre ; vu de la terre, il éclipse le ciel !

— Je crois cela ; mais dites-moi, tout simplement ce que font l'homme et la femme en s'aimant sur la terre ?

— Ils font ce qu'a fait Prométhée, ravissent une étincelle du feu céleste pour animer la boue qu'ils pétrissent.

— Prométhée n'a-t-il pas été condamné, pour ce larcin, à sentir un vautour lui dévorer éternellement le foie ?

— C'est aussi le supplice de l'amour.

— Que de plaisirs pourtant dans cette douleur !

— Et que de douleurs dans ce plaisir !

— Faut-il donc accuser, ou remercier Dieu, de nous avoir donné l'amour ?

— Ni l'un ni l'autre. — Il faut uniquement le lui rendre.

— Vous m'épouvantez, mon cher philosophe ; que lui rendrai-je en amour, si vous m'en faites doubler la dépense ?

— Rassurez-vous, ma belle amie, Dieu n'est point jaloux et se paye volontiers de *la quittance* de ses créatures. Vous aurez la mienne, comme je compte sur la vôtre. Nous ne sommes, en effet, ici-bas, que les banquiers de Dieu, et—ce qu'il nous prête est pour le faire fructifier.—Ce précepte est le sujet d'une des paraboles les plus saisissantes de l'Évangile.

Tel donc, rendant ses comptes à Dieu,—lui rapporterait *intact* l'amour qu'il en aurait reçu, serait traité bien au-dessous de celui qui l'aurait *gaspillé*, et—Dieu serait pour lui sans pardon.

Aussi le Christ releva-t-il Madeleine, en lui disant : « Il vous sera beaucoup pardonné, car vous avez beaucoup aimé ; » et sauva de même la Femme adultère des mains des Pharisiens, en leur posant ce dilemme : « Que celui de vous qui est sans péché lui jette la première pierre. » Personne ne la lui jeta, et la société entière ne l'a pas encore jetée à ses pareilles, puisqu'elle raille le mari qui, seul, en a conservé le triste droit.

— A vous entendre, l'Évangile aurait prêché l'amour.

— N'est-il pas né, lui-même, du *plus sublime* amour ?

— Après m'avoir montré, dans l'amour, le secret de la science, vous m'y montrez celui de la Foi ! Je ne me savais pas un tel trésor dans le cœur. — . Apprenez-moi maintenant comment le faire fructifier.

— En le prêtant à gros intérêts.

— Et quel est le taux exigible en *avance* d'amour.

— Cent pour cent, que l'on encaisse en déboursant le capital.

— Voici une application toute neuve de ce proverbe : « On ne prête qu'aux riches. »

— Malheureux ! en effet, les pauvres d'amour ! Car l'amour vient du Ciel, on n'en fait ici-bas que *l'échange;* chacun donne et chacun profite.

— Serait-il donc encore le secret du commerce ?

— C'est le secret de tout !

## III

— De là, sans doute, le bandeau dont l'antiquité avait couvert les yeux de l'Amour?

— Oui; et les sages en donnaient cette explication : L'Amour, embrassant tout, ne distingue rien, et se trouve ainsi comme dans les ténèbres.

— Tout s'explique avec vous, mon cher maître.

— J'aime et *j'embrasse,* cela me suffit. Grâce au bandeau de l'Amour, j'évite tous les mirages qu'enfante la lumière, et, m'étant habitué aux ténèbres, je commence à y voir.

— Vous deviendrez hibou.

— Je le voudrais, hélas! Minerve n'en fit-elle pas son oiseau et le symbole de la Sagesse?

— Ne parlons pas de sagesse, et dites-moi si vous eussiez pu m'aimer sans me voir?

— Votre vue n'a fait qu'éclairer un portrait depuis longtemps créé dans ma pensée; je vous aimais et je vous cherchais.

— Maintenant que vous m'avez trouvée, ne m'aimez-vous donc plus?

— Mon rêve est fini, du moins, puisque je touche la réalité.

— Vous devenez brutal.

— Est-ce ma faute si, comme tous les aveugles, l'Amour, ayant le toucher très-fin, n'a mis son suprême bonheur qu'à s'oublier lui-même dans le paroxysme de ce sens?

— Quelle horreur!

— Je suis parfaitement de votre avis. Mais ce triomphe de la matière est court, car de *deux* âmes fondues dans son creuset sous le feu du plaisir, il s'en volatilise *une* autre, qui dominera bientôt la matière à son tour.

— Allez-vous m'expliquer encore le secret de la génération?

— Dieu m'en garde! l'Esprit s'anéantissant dans *le fait,* manquera toujours à l'explication. En nous cachant certains secrets, la Nature a sans doute eu pitié de nos cœurs, et ce n'est pas de l'ignorance, mais de la science qu'il faut rougir.

— Je commence à comprendre l'utilité du bandeau. Me cachant le dehors, il m'apprend à ne chercher qu'en moi-même.

— Je voudrais que toutes les Académies fussent là pour vous entendre. Les yeux bandés par la sainte ignorance de l'amour, vous trouvez sans chercher ; la science en cherchant n'a trouvé qu'à chercher.

— « Cherchez et vous trouverez, » a dit cependant l'Évangile, ce livre de l'Amour.

— Eh bien ! j'ai cherché, et j'ai trouvé que je m'étais égaré. J'ai donc remis mon bandeau sans orgueil et l'Amour m'a donné la main....

En harmonie, on poserait ici le *double soupir*.

## IV

—Le bonheur est partout sous nos pas et pousse à ras de terre, continua l'heureux philosophe, il n'y qu'à se baisser pour en cueillir ; mais l'Esprit aime à fouiller, et plus il creuse, plus il pénètre au sein du mal que Dieu voulait lui cacher. Le bandeau de l'Amour, comme tous les symboles, enseigne une vérité et donne un précepte :—Aimez sans regarder à ce que vous aimez.

— Pourquoi donc raisonnez-vous tant, et quand je vous donne mon cœur naïvement, vous plaisez-vous à vous en jouer ainsi, le retournant à toutes les faces de votre esprit ?

— Afin de satisfaire à la nécessité d'un autre sens, *le Goût*, qui s'étend du corps à l'esprit. J'aime ; je goûte avant d'avaler.

— Voilà un sens qui me semble très-peu philosophique et tout à fait antipathique à l'Amour.

— Vous vous trompez, ma charmante élève, je n'en voudrais pour preuve que la croyance universelle à cette *trinité grivoise* consacrée par la chanson.

*Le vin, le jeu, les belles....* C'est-à-dire le goût, le hasard et l'amour.

Quant à la portée philosophique du goût, elle va bien au delà de toutes les théories scientifiques : c'est le premier chimiste du monde. Aussi ses confrères, les chimistes à diplôme, l'ont-ils tout à fait chassé de leurs laboratoires. Pour eux, le vin n'est pas du vin, c'est un mélange dont ils connaissent tous les éléments et ils osent les associer. Mais le goût, à lui tout seul, reconnaît fort bien qu'ils n'ont pas fait du vin. Ils font aussi de l'eau qu'ils appellent, sauf votre respect, *protoxyde d'hydrogène*. Voudraient-ils en boire ? Leur goût la renierait.

La morale que préconisent certains philosophes par l'éclectisme, c'est-à-dire le *mélange*, dérive du même procédé chimique et notre goût philosophique n'y reconnaît pas la vraie morale.

Tous ces millionnaires de science et de raison, ayant déchiré pour eux le bandeau que la Nature imposait à tous, dans l'empressement de s'approprier ce qu'ils voient, l'avalent sans le goûter et, le plus souvent, s'empoisonnent au physique comme au moral.

## V

— Incurable philosophe, vous goûtez à tant de plats que vous oubliez sans doute que celui de l'Amour est servi, et vous le laissez refroidir.

— Nenni, ma belle; nenni. Votre délicieuse observation est une preuve du contraire. Mais, si j'aime à goûter, j'aime aussi à me faire goûter. — Quel serait donc le privilége de l'homme s'il se comportait en amour comme les bêtes? Notez-le bien : l'Amour sans l'Esprit n'est qu'un spectre sans tête, l'Esprit sans l'Amour un buste creux. Avis à ceux qui les séparent dans la pratique.

— Mais, pour les réunir, que faut-il faire?

— Oh! curiosité féminine! tu fus la cause du péché, sois donc aussi celle de la Rédemption!

L'Amour s'unit à l'Esprit dans — *l'embrassement*.

— Votre argument est trop serré, fit la dame entre les bras du brûlant philosophe, veuillez me laisser respirer.

— Pas avant, toutefois, que je vous aie convaincue.....

— Oh!....

— ...Qu'il y a mille fois plus de pudeur à s'abandonner à l'Amour qu'à déchirer son bandeau symbolique.

— Et vous comptez sur ma pudeur pour.....

— Simplement compléter le symbole en refermant sur moi le cercle de vos bras.

Deux cercles enlacés.

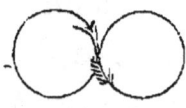

L'Amour et l'Infini!

— Voilà qui me paraît bien savant.

— Et qui pourtant est bien naturel. Du physique, en effet, on pouvait conclure au moral que telle était la loi. En la discutant, la science l'a transgressée.

— Et moi, je l'exécute, s'écria la jeune femme, s'abandonnant à la commune étreinte...... Dieu juge entre la Science et l'Amour !.........

— C'est jugé....... ils s'épousent!

## VI

« Entre l'arbre et l'écorce ne mettons pas le doigt. » Pour définir, il faut avoir fini; la Science n'en est pas là. Grâce à l'Amour qui la féconde, elle concevra de nouveau et portera la Sagesse. Dieu veuille cette fois qu'elle n'en avorte pas!

— Il vous sied bien de parler de la Sagesse sans moi! interrompit tout d'un coup notre Raison, à laquelle nous ne songions plus. — Dois-je aussi mettre un bandeau pour vous plaire?
— Avoue que tu serais plaisante en Amour ! répliquâmes-nous.
— Je ne plaisante jamais.
— C'est peut-être un tort,

Car l'homme n'est pas fait, comme un saule pleureur,
Pour refléter dans l'eau son inerte douleur.

comme l'a dit un poëte qui a l'avantage d'être fort peu connu, et, pour notre compte, nous ne trouvons rien de plus *ridicule* que de ne pas rire de ce qui est risible.

— Savez-vous à qui vous parlez?

— A la Raison, croyons-nous.—Raison de plus, pour raisonner avec elle.

— Insolent!

— Dame! si tu veux, nous n'allons plus raisonner du tout, et tu nous feras le plaisir de t'expliquer toi-même.

En ce moment notre Raison essaya de rire, mais elle vit bien qu'elle ne le pouvait pas et se contenta de faire une horrible grimace. Puis, se replantant sur ses hanches, elle reprit avec un aplomb et une bonhomie astronomiques :

— Vous êtes aveugle.....

— Et tu profites de cela pour nous en conter de toutes couleurs? lui criâmes-nous en éclatant de rire.

Ce rire ne gagna pas la Raison. Elle nous parut même excessivement vexée, car elle se mordit les lèvres et celles-ci saignaient quand elle ajouta :

— Vous êtes sourd.....

— A ton propos, c'est possible, parce que tu

parles toujours la bouche en l'air ; mais nous ne sommes pas sourd à *la voix du cœur* qui parle en nous.

— Cette voix-là vous égare, continua la Raison, cherchant elle-même une idée égarée dans les tiroirs de notre cervelle.

— Comment veux-tu qu'elle nous égare ? elle nous rappelle sans cesse à nous-mêmes et, tu nous en écartes pour nous lancer dans tes *spéculations*.

— Dites donc, pour vous conduire à la Vérité....

— Ou *nous précipiter dans son puits*, conviens-en tout de suite, traître Raison.

— Je veux, au contraire, que vous m'aidiez à tirer la Vérité de son puits, afin de l'exposer *au grand jour*, dit la Raison, avec une lueur de conviction, qui nous fit avoir pitié d'elle.

— Que ne le disais-tu plus tôt? notre cœur nous conseille la même chose, avec plus de prudence ; car il consent à descendre avec nous dans le puits, mais à une condition : celle de n'en tirer la Vérité que pendant la Nuit.

— Votre cœur a-t-il donc peur qu'on la voie?

— Oui certes! en la voyant en effet *nue* comme elle est, le monde la traiterait *en prostituée*, et après l'avoir polluée, *la lapiderait*. Avec ton flambeau, pauvre Raison, tu ne ferais qu'éclairer encore ce crime.

— Moi, la Raison, me passer de flambeau ! c'est impossible.

— Eh bien ! garde ton flambeau et mets un bandeau sur tes yeux, on te prendra peut-être pour l'Amour.

— Ce serait une honte.

— Prends garde ! la Justice aussi portait le bandeau. Aurais-tu honte que l'on te prît pour elle ?

— J'ai biffé les symboles, s'écria la Raison, l'Amour et la Justice y voient clair aujourd'hui.

— Mais aussi, quel Amour et quelle Justice ? Le texte sans l'Esprit ! Madeleine serait *mise à Saint-Lazare*, et Salomon *à Charenton*............
........Voilà ce que la Justice et l'Amour ont gagné à la suppression du bandeau.

Jadis, sous le bandeau, chacun cherchait à se rapprocher de son voisin et se guidait sur sa parole. A la lueur de ton flambeau, pauvre Raison, chacun aujourd'hui s'écarte, toisant son voisin d'un coup d'œil. On juge, on passe, et on se croit jugé.

## VII

— Mais, repartit la Raison qui paraissait avoir profondément réfléchi, si je consentais à descendre avec vous dans le puits pour en tirer la Vérité, que m'en reviendrait-il?

— La Vérité une fois remontée sur terre, tu descendrais pour éclairer son puits.

— Et j'abandonnerais la Vérité?

— Du tout. C'est elle qui t'abandonnerait; car si tu ne peux pas vivre sans elle, elle peut fort bien vivre sans toi.

— La Vérité sans la Raison! le paradis terrestre! *le règne de l'Innocence!* ah! ah! ah! éclata la Raison de son rire le plus strident. Ah! ah! ah!

— Que parles-tu de l'Innocence? encore une vierge nue, et celle qui nourrit le serpent! — nous n'en voulons pas.

—Mais si vous repoussez l'Innocence, ne puis-je pas vous tenir compagnie? reprit la Raison.

— Bonne mère, vous êtes trop ambitieuse; vos petits ont quitté le nid et volent à présent de leurs ailes. Mais, soyez tranquille, ils vénéreront *votre absence* sur les autels de la Foi.

— Je m'y attendais ; mais quelle sera cette Foi ?

— La Foi vient du cœur, et cela ne vous regarde pas.

— Ainsi, bien décidement, vous ne voulez pas de moi, termina la Raison, en faisant semblant de s'essuyer une larme.

—Décidément, non. La vie est comme une corde tendue sur un abîme qu'il faut traverser ou y choir. Nous te rendons la justice que tu nous as longtemps servi de balancier sur *la corde roide*. Aujourd'hui, passés maîtres en cet exercice, et craignant de fatiguer la corde, nous la détendons et nous lâchons le balancier. — Comprends-tu *la Parabole*?

— Je comprends que vous vous *casserez le cou*, enfants imprudents de ce siècle.

— Mieux vaut cela que de se le faire couper et encore mieux que de *le couper aux autres*, comme il est arrivé aux enfants du xviii<sup>e</sup> siècle, que tu guidais toi-même, ô Raison ! Mais nous ne nous casserons rien ; car, amants de la Nuit, nous sommes devenus *somnambules*, et les yeux fermés, nous passerions sur un fil.

A peine avions-nous risqué cette simple allusion aux faits du Magnétisme, que notre Raison, comme si elle eût reçu en plein visage le goupillon d'un exorciste, s'enfuit en poussant de tels cris que, celui qui l'eût rencontrée en cet état, eût été persuadé, et eût raconté à tous les passants, qu'il avait vu et ouï : — comme *une troupe de Possédés qui allaient se noyer à la rivière.*

En pensant à ceci, nous étions assis sur le pont des Arts, les yeux fixés sur la Seine, où se noyait l'image de l'Institut.

O hasard ! voilà bien de tes..... *farces !*

Après avoir relu ces souvenirs de notre journée, nous en glissâmes le manuscrit sous notre oreiller dans l'espérance que la Nuit le reviserait. Mais celle-ci, trouvant sans doute que nous avions assez rêvé comme ça, se contenta de nous endormir profondément.

Puissions-nous, sur nos lecteurs, en faire autant.

« La Nuit porte conseil. »

# SEPTIÈME NUIT

* * * * *

## I

Le lourd sommeil qui avait empiété de plusieurs heures sur les priviléges du Jour, ayant ramené le calme dans nos sens, nous nous mîmes à réfléchir tranquillement la tête entre nos mains.

Notre Raison tournait sa meule, aiguisant la pointe un peu émoussée de ses arguments, et, le soir arrivé, nous attendions la Nuit de pied ferme ; bien disposé à ne pas nous laisser prendre à l'appât d'un nouveau sommeil.

La Nuit entrant, comme d'habitude à pas de loup, nous surprit dans cette position.

— Vous ne voulez pas dormir, s'écria-t-elle; eh bien ! soit. Je jette mes pavots par la fenêtre. Me voici désarmée. Mon manteau sombre vous déplaît : Tenez.... le voilà......

Et le manteau suivit les pavots.

— Maintenant je ne suis plus que *la Nuit blanche!* Faites un punch, prenez des cigares, je roulerai des cigarettes de brouillard, et nous raisonnerons à votre mode, le verre à la hauteur du coude. Nous verrons alors qui, de la Raison ou de moi, s'endormira la première.

Enchanté de cette diversion suscitée en nous-même, nous jetâmes un coup d'œil d'encouragement à notre Raison, servîmes le menu demandé et, nous asseyant gaiement à côté de ces dames, nous les laissâmes, face à face, aux deux bouts de la table.

— Je suis venue, commença la Nuit, s'adressant directement à notre Raison, chercher ta réponse à mes prémices philosophiques. Le Jour est descendu sur la terre, deux fois depuis, et tu as dû prendre son conseil.

— Ne t'ai-je pas répondu que j'attendrais la fin de tes élucubrations? riposta crânement la Raison, en laissant échapper de sa bouche un cercle de fumée blanche qu'elle suivit des yeux.

— Et tu t'amuses, en attendant, à déterminer le commencement et la fin d'un cercle, reprit la Nuit; tu t'enfonces géométriquement. — Commencer et finir à la fois sur un point qui gravite toujours, telle est la loi du cercle et celle de l'infini. — *Le commencement n'a pas d'autre fin que lui-même.*
Bah!... trinquons!

— C'est un paradoxe, une *loi vicieuse* que moi, la Raison, je ne saurais admettre.
Plutôt que de trinquer avec toi, je briserais mon verre.

— Toujours *cassante!* libérale Raison, serais-tu plus intolérante que la loi qui t'admet dans ses décrets? La loi est tolérante, parce qu'elle est forte, et si elle te souffre, c'est qu'elle peut te briser à son aise. L'intolérance de ta part n'est qu'un reflet de ta faiblesse, et « faiblesse est vice. » Ce n'est donc pas la loi qui est vicieuse, mais la Raison qui nie la loi.

## II

— Jamais loi ne me forcera à demeurer dans un cercle, proclama la Raison.

— Il ne s'agit pas de savoir si tu veux, ou si tu ne veux pas demeurer dans un cercle, reprit la Nuit; mais si le cercle existe, pour tout le monde, et si tu n'es pas forcée d'en accepter la nécessité.

— Je n'accepte rien que je n'aie raisonné.

— Mais dans quelles limites le peux-tu?

— Je ne m'en connais pas.

— Alors tu n'es qu'une ignorante.

Si tu n'étais pas enfermée dans un cercle, malheureuse, ce corps dont tu te dis la reine ne saurait pas même exister.

Ordonne-lui de descendre de sept ou huit kilomètres seulement au-dessous du niveau où il vit, ou élève-le d'une distance pareille; il sera *gelé* en se rapprochant du soleil et *brûlé* en s'enfonçant dans la terre.

Curieux paradoxe! sans doute; Vérité incontestable! cependant.

Ne vois-tu pas que la vie t'aplatit autour de la terre dans une étroite circonférence de neuf mille lieues de tour sur quatre à peu près d'épaisseur. Est-ce là un cercle, ou ne l'est-ce pas? Et tu n'es libre de sonder ni au-dessus, ni au-dessous; mais seulement de ramper dans sa *stricte* épaisseur.

Hélas! c'est plus qu'il ne t'en faut, puisque déjà tu t'y perds.

Accepte donc la liberté dans les limites que Dieu t'a tracées, comme le poisson, plus intelligent que toi, l'accepte dans la rivière, sans songer à sortir de ses bords. — C'est ton désir de liberté qui t'a faite esclave. — D'un saut de carpe tu as franchi la berge et tu crèves de soif sur le sable, en entendant couler la rivière.

..... A ta santé, ma chère !

— Cette fois-ci je te ferai raison pour défendre mon droit, s'écria la Raison.

## III

—C'est cela, poursuivit la Nuit, tu vas discuter... et en effet, si tu ne discutais pas, tu ne serais plus la Raison. Discute donc et défends ton *droit;* mais songe à ne pas oublier ton *devoir*. Discuter est le droit que la loi t'accorde quand elle veut se taire ; ton devoir est de te taire quand elle veut parler.

— A t'écouter, madame la Nuit, on croirait vraiment que tu essayes aussi de raisonner. Heureusement, comme tu me l'as avoué toi-même, tu n'es que l'amante abstraite de l'Idée et la mère du Néant.

— Je suis sa fille au contraire, accentua la Nuit, et je ne veux pas renier mon père.

— Buvons donc au Néant ! reprit railleusement la Raison en nous tendant son verre à remplir.

Mais la Nuit le renversant d'un revers de sa main : — Avec un verre *vide* au moins ! s'écria-t-elle.

— J'ai soif, hurla notre Raison..... j'ai soif.
— Tu plaisantes sans doute, ou tu te mens à toi-même. La soif n'existe pas ; c'est un manque, une absence, une abstraction. — Tu n'as pas soif.
— J'ai soif, te dis-je.
— Ce n'est rien.
— C'est un *besoin*.

— Vive Dieu! dit la Nuit triomphante. Je te reconnais à présent pour ma sœur, car tu viens d'avouer ton père : le Besoin! Le Néant *vivant*, « celui qui n'est pas, bien qu'il soit, » comme le dénomme l'Apocalypse.

Remplis ton verre à présent, remplis-le pour le vider, et vide-le pour le remplir; mais sache que *le vide* et *le plein* de ton verre ne sont que *la mesure* de ta soif. Tout est dans l'idée, et l'idée n'est qu'une *abstraction*.

Dieu lui-même n'eût pas été, s'il n'eût senti *le besoin* d'Être!

Buvons donc au Besoin, buvons à verres combles! et viens, Raison, trinquer avec la Nuit, au Néant *fécond!* — à l'abstrait! — à Dieu qui est *le Besoin même*.

## IV

— Ainsi, quand je cherche la satisfaction, je dois adorer le besoin? dit la Raison, remplissant un autre verre.

— Est-ce que je t'enseignes rien de nouveau? s'écria la Nuit, n'est-ce pas toujours à ton besoin que tu bois?

— Qu'est-ce donc que Dieu?

— Curieuse! regarde-toi dans un miroir et vois le renversement qui s'opère, de gauche à droite, par la réflexion. Ainsi, *le besoin de satisfaction*, — réfléchi dans le miroir de Ame, — rend *la satisfaction du besoin*. Mais le Besoin *satisfait de lui-même*, c'est lui-même ABSOLU.

Et, l'ABSOLU c'est DIEU.

Bien que la Raison, vidant son verre, se fût déclarée satisfaite; analysant le parfum de la liqueur, elle faisait claquer sa langue avec un petit bruit sec. — *Un besoin* renaissait *de la satisfaction même*.

La Nuit s'en aperçut.

— Tu cherches la cause de ton goût, pauvre Raison, reprit-elle;...... quand tu passerais le monde entier à l'alambic, tu ne la trouverais pas. Le goût est en toi, comme toutes les autres sensations que tu attribues faussement à la matière.

— Pour que je sente, il faut pourtant bien qu'il y ait quelque chose?

— D'accord; mais qu'est-ce que ce *quelque chose*?

Notre Raison prit un temps de réflexion en se grattant l'oreille.

— C'est ce que je touche, ce que je vois, ce que je goûte, ce que j'entends, ce qui me réjouit, ce qui me blesse, et j'appelle cela *la matière*, s'écria-t-elle ; ai-je besoin d'une autre définition ?

— Certainement, car si obscure que je sois moi-même, dit la Nuit, je ne puis accepter ceci, même comme un éclaircissement.

Toutes les sensations existent pour l'homme aussi vives dans ses rêves que dans la réalité. Or, si la faculté de sentir produit les rêves, la même faculté ne peut servir à certifier *la réalité*. Il n'y a de *positif* dans la matière que *le sentiment* qu'on en a : donc solide, liquide, gazeuse ou impondérable, elle n'est qu'un symbole ou une image, plus ou moins prolongée, des opérations de l'esprit.

— Ces qualités même confirment la matière, affirma la Raison.

— Comme *conséquence*, en effet ; en *principe* cela est donc le contraire.

— A ta mode, ô Nuit bizarre ! la conséquence ne serait plus dérivée du principe ?

— La parole même te dément, faible Raison. Oui, la conséquence est dérivée du principe ; mais qu'est-ce que la dérivation ?—Une *déviation sur un point*, et, la déviation sur un point *prolongée*, revient au tracé d'un cercle.

Tu retombes, malgré toi, dans la nécessité de cet emblème universel.

Matière et esprit sont deux mots qui ne font qu'une idée, comme le commencement et la fin de la circonférence *se confondent* sur un point.

## V

— D'après toi, j'aurais pris toutes choses *à rebours?*

— Là ne serait pas le mal, reprit la Nuit ; car il faut connaître l'envers, comme l'endroit de tout ; mais la première chose à distinguer, c'est l'envers de l'endroit. Or voici ce que, depuis que tu t'es mise à *débiter toute seule l'étoffe de la vie*, tu n'as pas encore découvert. Parce que n'étant pas, toi-même, dans *le secret de la fabrique*, le tissu t'a caché la trame.

— Supposons que la matière ne soit qu'un tissu de l'esprit, demanda la Raison, dois-je la nier pour cela ?.

— Qui parle de la nier ? répondit la Nuit; affirme-la *suivant sa valeur*; fais comme moi, ne te fie pas aux sens qui sont sujets à tant de mirages; ne compte que sur l'*intuition* de tes propres instincts, car bien certainement la matière ne peut pas se démontrer par elle-même. — Elle se *montre*, au contraire, pour nous tromper, puisque nous sommes obligés de la *démontrer* pour la comprendre. — Quand nous l'aurons démontrée tout à fait, elle ne sera plus rien.


— La science cependant tire un assez beau parti de la matière, tu l'avoueras.

— Certes; mais aussi la science n'est pas la matière, et quand les savants voudront bien comprendre que ce n'est pas elle, mais eux-mêmes qu'ils interrogent en elle, ils sentiront que *l'Esprit est l'outil à tout faire*, et au lieu de se laisser façonner par la matière, ils la façonneront.

— N'ont-ils pas déjà commencé ?

— Oui, mais ils s'arrêtent, pris au piége de leurs propres théories qui ont fait de la matière un outil.

— N'y a-t-il donc rien de vrai dans ce qu'ils enseignent.

— Non, *pour qui s'y arrête.*


— Qu'est-ce donc que la Vérité, madame la Nuit?
— C'est ce que je poursuis......
— Et quand l'attraperas-tu?
— Jamais.
— Alors pourquoi marches-tu?
— *Pour marcher.*


— Bon voyage, reprit la Raison; j'aime mieux rester à ma place.

—Meurs-y donc, s'écria la Nuit, clouant la Raison de son regard acéré, *le repos, c'est la mort !*


Notre Raison ne répondait plus.

Nous élevâmes encore une fois machinalement nos verres pour trinquer avec la Nuit.

— Place à *la Nuit blanche,* nous cria celle-ci.

Puis déployant de grandes ailes que nous ne lui avions pas encore vues, du vent qu'elles firent, elle nous roula sous la table.

Quand nous nous réveillâmes, il faisait grand jour et nous n'avions plus, autour de nous, que des *verres cassés.*

# HUITIÈME NUIT

\* \* \* \* \*

## I

La persistance de la Nuit à ne pas nous abandonner à nous-même avait-elle produit une réaction dans notre Raison? C'est probable; car, malgré notre fatigue réelle et l'espèce de somnolence que nous avait laissée la Nuit blanche, nous avions passé tout le jour à répéter sur le papier et à mesurer du compas les figures mystérieuses que, depuis deux fois vingt-quatre heures, elle avait pour ainsi dire gravées dans notre pensée.

— Il est pourtant vrai, disait notre Raison, que le cercle n'est qu'un point épanoui.... La réalité et l'abstraction, *Tout* et *Rien* ont donc une même figure douée seulement de la propriété d'extension? Et cette propriété est en nous-mêmes, car le cercle de l'horizon, dont notre pensée seule peut mesurer le rayon infini, tient cependant tout entier dans *un point* de notre œil.

Il est encore vrai que cette figure du cercle, quel que soit son rayon, un millimètre ou l'infini, n'en est pas moins la même ; qu'aucune autre ne peut s'y inscrire ou s'y circonscrire sans altérer la vérité de l'espace et la définition du cercle, qui est : — tous les points de la circonférence à égale distance d'un point unique que l'on appelle centre.—C'est géométriquement que le cercle, réagissant de sa circonférence à son centre, se divise en trois par lui-même, et prouve ainsi l'action trinitaire dans *l'absolu*.

La Nuit a dit vrai !

Elle a dit vrai encore, quand elle nous a démontré que cette première division en formait naturellement une seconde dans le cercle, et que la nécessité de *trois* imposait *six*.

Voyons:

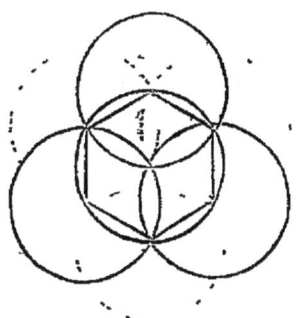

La circonférence du cercle embrasse véritablement six centres, et ces six centres sont à égale distance d'un centre commun. De là, six cercles complets, *solidarisés* dans un seul, qui est en même temps le *Premier* et le *Septième*.—Le Mythe de *la Création en six jours* et *le repos du septième* ne seraient-ils qu'une vérité géométrique?

## II

« Dieu est le Nombre, le Poids et la Mesure, » ont enseigné jadis les saintes Écritures... Cela encore serait-il vrai?

- Non ; c'est un hasard !... Mais, si je traite de hasard ce qui est géométrique, je donnerai raison à cette misérable Nuit qui m'accuse de briser la loi.

..... Que faire ?... « Il faut pourtant que je finisse par *avoir raison*, moi qui suis la Raison, » comme l'a dit d'Alembert, un de mes plus savants prophètes.

— D'Alembert est mort et, Dieu merci ! sait à présent se taire, s'écria la Nuit, entrant tout d'un coup par la fenêtre, tais-toi, radoteuse. S'il ne te restait rien à discuter, tu te discuterais toi-même. Je ne discute pas avec toi, sache-le bien, ce travail ne serait que la suite du tien et continuerait la démolition de l'homme, que tu as si bien commencée.

— Peut-on traiter ainsi la Raison?

— On le peut, reprit la Nuit, puisque je l'ose. Ma Foi, d'ailleurs, est la mesure de mon droit. Venge-toi, si tu peux, à ton tour. — Je fais ce que je dois, advienne que pourra.

— Je suis la Reine aujourd'hui, et je te châtierai, traître Nuit.

— Alors, n'attends pas à demain, car tu pourrais n'être plus Reine.

— J'aurai, pour défendre mon trône, tous *les hommes de raison.*

— Les mauvais Anges ou les Titans n'ont rien gagné à ressusciter sous l'habit noir, ni à échanger leur carcan contre une cravate blanche; Dieu ou Jupiter, les ont défaits pour l'éternité !

La royauté de la Terre appartient, sans partage, à l'homme, et quelles que soient *les fictions* sous lesquelles la Tradition a déguisé l'histoire de ses grandeurs et de ses décadences, l'homme ne sera jamais que l'homme; mais c'est *le chef-d'œuvre de la création,* et je le respecte, même dans ce que je prends pour ses défauts: car je puis me tromper. Mais toi, vaniteuse Raison, tu ne respectes rien.

Polluant tout ce qu'il y a de sacré pour le cœur et l'imagination, — tu corriges insolemment *les traditions les plus vénérées;* comme tu prendrais un pinceau pour retoucher un Raphaël !

Contre le Temps et Dieu, tu as inventé *la méthode,* et *l'algèbre* contre l'inconnu.— Tu ne crois qu'à ce que tu fais, et tu fais tout pour ne pas croire. — La Foi, l'Espérance, le Sentiment, l'Instinct, la Prévision, sont des *bâtards* de la Nature *élevés au biberon de l'ignorance* La bonne Déesse n'a qu'une fille légitime, la Raison ! *qui tette à la fois ses six mamelles !*

Voilà ce que tu penses, ô Raison ! mais tu ne t'exprimes pas de même. Je m'exprime donc autrement que toi, figurément, proverbialement, *vulgairement* même, afin que tout le monde puisse voir le fond de ta pensée.

Faisant état de *répandre la lumière,* tu veux pour toi seule en conserver le privilége et te *l'accaparer.*

Cela ne sera plus !!!

## II

Tu avais compté sans moi, ma chère, je t'arracherai ton masque, et le mien ne tombera jamais ; car, je suis la Nuit ! La Nuit qui veille quand tu dors et qui ne s'endort pas quand tu veilles.

La Nuit, c'est-à-dire, la Conscience, qui te tient *attachée au poteau des tortures* et jongle, en face de loi, avec des poignards dont les *éclairs* t'aveuglent, parce qu'ils partent de la Vérité.

— C'est donc pour cela que *je n'y vois que du feu,* s'écria notre Raison, croyant lancer à la Nuit un prodigieux sarcasme.

— Peut-être n'as-tu que cela à y voir, répondit gravement la Nuit. Tu as trouvé bien des éléments, et dans ton impuissance de définir *le feu,* tu ne l'as pas rangé parmi eux.

N'est-il pas, au contraire, l'éternel Pourvoyeur, l'*unique* élément avec toutes ses dépendances, calorique latent et patent, lumière et ténèbres, attraction et répulsion, mouvement et équilibre, — l'*électricité* enfin? — Les anciens l'avaient admis, comme tel, sans rien définir. — N'avaient-ils pas raison?

Quant à moi, qui ne me charge pas de *refaire* le système de la Nature, mais qui me contente de *subir,* tout bonnement, le sien, ce qui me frappe dans *le feu* et me prouve son origine intellectuelle, c'est que l'homme *seul* a la puissance de l'allumer *volontairement!*

— Et *la foudre* donc? se récria la Raison.
— Par la volonté de l'homme, je n'ai pas en-

tendu supprimer celle de Dieu, mais seulement comparer du petit au grand.

— Espères-tu, Nuit ignorante, me faire accroire que Dieu soit pour quelque chose dans la foudre?

— Je n'espère rien te faire accroire, car tu ne croiras jamais à rien qu'à toi-même. J'exprime ce que je sens. Crois ou ne crois pas, cela m'est parfaitement indifférent.

— Prouve-moi la vérité, reprit la Raison, et je croirai.

— La Foi ne se donne à personne, et encore moins à la Raison qu'à tout autre.

— Pourquoi donc?

— Parce que la Foi n'aime pas la discussion, répondit la Nuit, et je partage tout à fait ses goûts.

— N'est-ce pas de la discussion, cependant, que jaillit la lumière? insista la Raison.

— Conviens, avant tout, repartit la Nuit, que l'homme ne devant plus discuter quand il aura trouvé la raison, la discussion ne prouve pas qu'il l'ait trouvée, et ne donne qu'une lumière excessivement fugitive.

## IV

Le Monde, je té l'ai déjà dit, *voit tout à l'envers*. A chacun sa science. En t'enseignant à voir à l'endroit, je ne prétends pas nier l'utilité de l'envers, et, si je te blesse, je me blesse moi-même, car je *traverse tout;* mais aussi, je ne fais qu'une plaie, afin qu'il n'y ait qu'*une guérison*.

— Ah! ah! ah! se récria la Raison, une guérison métaphysique! Tu renchéris sur l'homœopathie.

— Non pas; je l'explique. « Il n'y a que la Foi qui sauve. » Mais, serais-tu toi-même, ô Raison! satisfaite de ton traitement sur l'homme?

— Je n'oserais m'en flatter encore, mais j'espère.

— Alors, tu ne saurais défendre l'espérance aux autres. Permets donc que je compare entre ton traitement et le mien.

D'abord, tes airs graves et importants, réagissant sur l'esprit de ton malade, malgré tes protestations de le guérir, celui-ci se croit déjà presque mort. En l'abordant, au contraire, la gaieté sur le visage et la plaisanterie aux lèvres, je le fais se regarder lui-même d'un œil moins triste, et relevant ainsi son moral, je l'achemine vers le mieux.

Mis à la *diète* d'intelligence, *saigné à blanc* du cœur, *purgé* d'instincts, mais *gorgé de potions scientifiques,* il agonise par tes soins. Je remplace tout ceci par : *l'eau* de l'intelligence puisée aux sources les plus naturelles ; *l'élixir de vie* distillé dans l'esprit antique ; et *de solides cordiaux* dont l'homme se nourrissait au temps de la Sagesse.

Maintenant, qui de nous deux fait le mieux? Il n'appartient qu'au malade lui-même de se prononcer sur l'effet.

— As-tu donc, pauvre Nuit! si peu de confiance en toi-même, que tu consultes ton patient? Je ne me fie qu'à ma science et j'ordonne.

— Moi, j'obéis, repartit la Nuit. Il n'est meilleur juge que celui qui éprouve. — La santé, qui est la vérité du corps, et la vérité, qui est la santé de l'esprit, *se sentent* et ne se démontrent pas. — Là où il y a discussion, il y a nécessairement un *mensonge.*

— Raisonner pour soi — est une petite vanité que chacun peut se passer; mais se rembourrer un fauteuil de juge avec les idées des autres, — raisonner pour eux — en un mot, faire de *l'Éclectisme,* ce n'est pas le néant, c'est *le crime intellectuel*. Et comment définir l'Éclectisme autrement que l'orgueil le plus insolent, voilé de modestie?

Se reconnaissant incapable de produire, il se déclare capable de juger!

C'est donc essayer de *voler* Dieu en lui escroquant, morceau par morceau, la seule chose qu'il se soit réservée entre toutes : *le Jugement des choses*.

L'Éclectisme est alors la véritable *plaie sociale*, la plaie purulente de l'intelligence, râlant comme Job sur son fumier!

Horreur! et c'est à cela qu'a servi la Raison!

— Allons donc, tu t'abuses, repartit la Raison, l'Éclectisme n'est qu'une *petite* philosophie, bien jeune et bien innocente, qui n'a jamais fait de mal à personne.

— L'Éclectisme est une philosophie, dis-tu; l'Éclectisme est jeune et sans malice! Oh! oh! oh! Raison, retourne à l'école.... ou plutôt, non; car c'est l'école qui t'a enseigné cela.

Reviens tout simplement à toi-même.

## V

L'Éclectisme est *la négation de la Philosophie*, comme Satan est *la négation de Dieu*. C'est *le ver rongeur* du Génie, incessamment attaché à sa proie depuis qu'il y a une humanité.

L'Éclectisme, sous l'habit des commentateurs et *pullulant* comme la vermine, s'est d'abord accroché à toutes les religions antiques, sorties pures des révélations divines, il les a dévorées, conspuées et enfin métamorphosées en lui-même : l'Éclectisme, la corruption et la démoralisation païennes des civilisations grecques et romaines : — nos modèles classiques !

L'Évangile germa vigoureusement, au milieu de cette fange, par sa force divine ; — mais à peine *la Vigne céleste* commençait-elle à mûrir son premier raisin, que saint Paul, craignant la morsure des commentateurs, aima mieux le cueillir en *verjus* que d'attendre sa maturité. Vain effort ! saint Paul assassiné, les vers se mirent à sa doctrine. — Qui pouvait la sauver des vers ? — L'embaumement. — L'Église le pratiqua, à sa louange, et l'Évangile se trouva *momifié* dans le dogme.

Hélas! on put ainsi le défendre des vers; mais rien n'échappe à l'Éclectisme : ses dents, les filles, les petites-filles et toutes les descendances de ses dents, rongent! rongent! rongent! Elles ont rongé traditions, Évangile, dogmes, lois, mœurs, coutumes, nationalités, famille et jusqu'à l'individu qu'elles rongent à présent.

L'Éclectisme est partout, dans tout, prend toutes les formes.

C'est le géant Protée, devenu nain !

C'est le savant qui lacère, corrode, pulvérise et anéantit la Nature pour en fabriquer ses systèmes.

C'est le législateur qui bâtit le Droit des débris de la Justice, et l'avocat qui bâtit la Chicane des débris du Droit.

C'est le médecin qui édifie sa science sur les cadavres qu'il a faits.

C'est l'artiste qui se fait marchand, et qui, au lieu de vivre pour produire, ne produit plus que pour vivre.

C'est l'industriel qui, donnant aux machines le travail de l'homme, ne laisse plus à l'homme qu'un travail de machine.

C'est le littérateur, à la ligne, qui arrache les

plumes du Génie pour s'en faire des ailes et expose celui-ci, *tout plumé,* sur le marché public du journalisme, qu'on dit : *ne pas être libre!*

Ce sont tous ceux, en un mot, qui *choisissent* parce qu'ils n'ont plus la puissance de *faire,* sans savoir que ce qu'il y a de plus difficile à faire, c'est précisément de choisir.

Imbéciles! qui croient composer des airs en tournant un orgue de Barbarie.

Raphaël, Véronèse, Titien, Rubens ont d'exquises qualités, mais ils ont aussi leurs défauts. Pourquoi donc n'a-t-on pas découpé leurs œuvres en petits morceaux, afin d'en composer un tableau parfait? Il y a tel Éclectique, de grand renom moderne, qui s'est bien fait une réputation de philosophe par ce procédé-là !

Combien de *grands* politiques et aussi de *grands* historiens, sans nommer les *grands* poètes, se sont-ils bâti d'agréables résidences en ce monde avec des pierres, uniquement *volées* au temple de Mémoire?

Ah! vous avez martyrisé le Génie, et vous vous êtes assis à sa place, messieurs les Éclectiques ! Restez-y donc. Mais moi, la Nuit, le secrétaire de la Conscience et l'exécuteur du remords, je vous dis que *c'est le lit de Guatimozin* et que vous n'y êtes pas sur des roses !

## VI

— Au milieu de tes exagérations, je reconnais un peu de vrai, murmura la Raison ; mais je ne suis pas la cause du mal, accuses-en Dieu qui le souffre.

— Oui, répliqua la Nuit, afin que tu l'accuses, à ton tour, de t'avoir pris la liberté — son plus grand bien, dont tu as su faire ton plus grand mal. — Encore *un paradoxe*, vas-tu dire, et pourtant, n'est-ce pas une vérité ?

— Qui me le prouve ?

— Ton impuissance à distinguer le bien du mal, puisque tu as toujours autant de raisons au service de l'un que de l'autre. Tu n'étais en réalité que *le poids* et tu t'es prise pour *la balance*.

— *Errare humanum est !* soupira la Raison.

— *Sed perseverare Diabolicum !* articula la Nuit, secouant ses pavots.

.... La Nuit avait endormi la Raison.

— Écoutez-moi, nous dit-elle, vous, dont les instincts étouffés par les bruits du Jour ne sauraient plus rien entendre que de la Nuit. Le Jour me poursuit, il pourrait venir m'interrompre. Remettons à demain. Mais, d'ici là, tâchez d'éloigner votre Raison, afin que je ne la trouve pas à mon prochain retour.

— Qu'allons-nous en faire? Excellente Nuit, donne-nous un conseil.

— Un conseil, contre la Raison, vous n'y pensez pas! c'est elle qui les fabrique et en tient marchandise; elle est *patentée* pour cela; sème les champs, pave les rues et emplit les bibliothèques de conseils, en tous genres et pour tout faire. J'ai mieux que cela à vous donner.

— Quoi donc? dîmes-nous en prêtant une oreille attentive à la Nuit.

— Quelques grammes d'une substance étrange qui produit sur la Raison le même effet que, sur un âne, un chardon attaché sous sa queue. — A peine votre Raison en sentira-t-elle le contact, qu'elle détalera, affolée, galopant dans les déserts les plus arides de l'intelligence et ne rencontrant une oasis de verdure que pour s'y rouler sur le dos; en un mot, je vais vous laisser *le hatschish*. Usez-en modérément, et je vous garantis que votre Raison ne rentrera pas à l'écurie, je veux dire dans votre cervelle, avant vingt-quatre heures.

..... En nous éveillant, nous trouvâmes, en effet, sur notre table de nuit, un petit pot parfaitement cacheté, avec cette étiquette :

« HATSCHISH, *usage interne*. Dissoudre dans du café noir et prendre à jeun. »

Nous profitâmes immédiatement du sommeil de notre Raison pour avaler, en nous pinçant le nez, ce merveilleux médicament préparé suivant la formule.

## VII

Trois heures après, soit en corps, soit en esprit (nous ne saurions trop dire lequel, la sensation étant la même), nous étions transporté au sommet de l'immense aiguille qui embroche aujourd'hui Notre-Dame, comme une monstrueuse phalène.

En selle sur la croix métropolitaine, ayant la Seine entre nos jambes, le Louvre et l'Institut chacun sous un talon ; à cheval, en un mot, sur Paris, ce fougueux *étalon du mal*, hippogriffe de Satan, éperonnant et cravachant la bête, nous courions dans le cirque du Temps, et nous allions *un train d'enfer*.

Bientôt nous rejoignîmes et nous devançâmes une foule de cités montées par des cavaliers, aux casaques éclatantes, qui étaient partis bien avant nous.

Rome, la superbe cavale, volait dans des flots de poussière, les flancs déchirés par l'éperon de son jockey *Décadence*, Paris hennit en la voyant, mais il passa. Il passa devant Athènes qui, se jetant hors barrières, venait de rouler avec son jockey *Corruption* sans le désarçonner.

Nous devançâmes Memphis et Thèbes, sans même avoir regardé ceux qui les montaient. Ninive et Babylone couraient encore, Paris *se mit en ligne* avec elles.

Ninive, montée par son propriétaire qui la pressait vigoureusement, manqua des pieds de devant et se rompit le col à deux longueurs du but, au delà duquel son maître alla retomber à plat ventre.

Babylone, *la grande prostituée*, ayant brisé son mors et entraînant son cavalier, cramponné à sa crinière mouillée d'écume et de sang, allait atteindre le but.... Il s'en fallait d'*une tête* ; mais Paris la talonnait, et nous le poussions ferme.... D'un violent coup de cravache, appliqué sur le flanc droit de notre monture, cinglant en même temps la Bourse et l'Opéra, c'est-à-dire, ses plaies *vives*;

.... Paris ne fit qu'un bond et arriva—*premier* sur Babylone, — gagnant d'*une demi-tête !*

Hurrah! pour Paris. Hurrah! pour l'Orgueil. Hurrah! pour la Démence.

Hurrah! hurrah! hurrah! pour la Raison, qui veut gouverner le monde, et qu'*un jus d'herbe* gouverne!

A la Raison, LA COUPE D'OR, et...... la mer à boire!!!

# NEUVIÈME NUIT

\* \* \* \* \*

I

Tandis que notre Raison, plongée encore dans les illusions du hatschish et ivre de son triomphe hyppique, réunissant toutes les idées du demi-monde, donnait dans notre cervelle un bal masqué dont l'imagination payait les violons; la Nuit se glissant chez nous par le *grand sympathique* (expression technique dont les savants se servent pour désigner le corridor de la sensibilité), vint gratter discrètement à l'huis de notre cœur.

Celui-ci s'ouvrit à deux battants.

La Nuit entra donc sur la pointe du pied, referma la porte et poussa les verroux.

Nous étions seul avec elle.

L'orgie tourbillonnait encore dans nos mansardes; mais notre visiteuse s'en émut peu. Cela lui assurait, au moins pour quelque temps, l'absence de la Raison.

— Dieu vous garde ! nous dit alors la Nuit, où l'aigle finit à voir, le hibou commence. Tandis que l'oiseau du jour dort entre les jambes de Jupiter, cessant d'étreindre la foudre qui s'échappe à l'aventure; l'oiseau de nuit veille, sur le casque de Minerve, au sommet de la sagesse, et...

Voici son heure.

- Notre cœur entonna à l'instant ce cantique :

  — Enseigne-nous, sage maîtresse,
  La Raison et la Foi sont sœurs.
  De nos têtes chassant l'ivresse,
  Fais-la descendre dans nos cœurs.

Comme le flot se berce aux grèves
Par un grand mystère agité,
Berce, berce-nous de tes rêves
Enfants de la réalité.

*

Qui sait si ton manteau de glace,
De tant d'étoiles blasonné,
N'est pas l'immense carapace
De notre monde emprisonné ;

Si de cette prison roulante
Le centre, foyer radieux,
N'enfante pas l'image errante
Des Astres qui trompent nos yeux ?

En sait-on plus touchant la Terre ?
D'où vient l'herbe ? D'où vient le vent ?
Le sang circule dans l'artère....
Dit-on *Pourquoi ?* sachant *comment !*

Qui verse et boit le nuage,
La Mer comble ou le Ciel béant ?
— Tout est surface, *tout image,*
Et la profondeur — un Néant.

Mais ce Néant, c'est l'Ame avide,
Coupe sans fond que Dieu remplit
Et qui dans lui-même se vide
Quand le mystère s'accomplit.

Faut-il aimer? Faut-il maudire?
Affirmer ou nier? ô Nuit!
Le Jour n'a pas pu nous le dire,
Sois-nous plus propice que lui.

*

En Dieu, synthèse de la vie,
Rends à l'homme l'unique Foi,
Et la Nature, humble et ravie,
Acclamera son *ancien* Roi.

— Grâce au hatschish, vous voici poète, c'est-à-dire archifou, reprit la Nuit ; je vais profiter de cette occasion pour vous glisser mes prolégomènes sur le système des mondes.

— Craindrais-tu donc qu'il nous restât quelque peu de raison?

— Je ne crains pas la Raison ; mais ses retouches ; car, en fait de systèmes, il est bon de ne rien retrancher, et encore moins d'ajouter, au *verbe initiateur*. C'est ainsi que malgré tout le génie des maîtres, leurs systèmes ont été coulés, les uns après les autres, par le trop d'empressement des commentateurs à expliquer ce qu'ils n'avaient pas pu deviner eux-mêmes.

— C'est cela, dîmes-nous, à force de monter Pégase, on l'a forbu, ses ailes, collées à ses flancs, lui servent de bât et tout le monde aujourd'hui le prend pour un âne.

— Pas mal, nous dit la Nuit ; mais, OMNIS COMPARATIO CLAUDICAT, gardez ceci pour les poëtes. Les savants ne vont ni à cheval ni à âne ; ils vont à pied, et le plus souvent se traînent sur des béquilles. — Tâchez de ne plus m'interrompre.

Nous mordîmes notre langue et la Nuit continua.

## II

— Avant donc de vous proposer un système des mondes, je vous rappellerai que le célèbre Newton eut bien soin de ne proposer le sien qu'en ces termes : « Toutes choses se passent au ciel *comme si* il en était ainsi. » Puis il développa son système avec toute la lucidité et la pureté de son génie qui venait, comme Pilate, de se *laver les mains.* Mais ce *comme si* de Newton était son génie même ! le reste ne fut jamais qu'un calcul de sa raison et comme tel soumis à l'erreur. Aussi est-ce la seule chose que les astronomes aient conservée de Newton, *l'erreur* avec toute sa force d'expansion scientifique.

— Jusqu'à ce qu'elle en crève.

— Ainsi soit-il, reprit la Nuit; Newton a dit *comme si*, moi je dirai *comme ça*, et les savants feront de moi ce qu'il ont fait de bien d'autres, en attendant le tour de Newton, qui sera un jour ridiculisé dans sa science, sans qu'on lui tienne compte de son génie, que je me hâte de proclamer; car le monde sera toujours *comme si*, même en étant *comme ça*.

Présumer est tout ce qu'on peut savoir.

— Alors les astronomes doivent beaucoup savoir, car ils ne manquent pas de présomption.

— Ils ne savent rien au contraire; repartit la Nuit, parce qu'ils ont pris la présomption de savoir pour *la science de présomption*.

— Et quelle est cette science? demandâmes-nous à la Nuit.

— L'intuition, la prévision, la présomption instinctive de la Vérité enfin, qui n'appartient qu'à *l'homme s'humiliant, devant Dieu, à l'autel de sa conscience*.

## III

— Conte-nous donc ton système, ô Nuit! et que M. Babinet, du haut des cieux et M. Leverrier, de sa planète nous expédient leurs télescopes.

— Pourquoi faire, grand Dieu! s'écria la Nuit, manifestant un profond étonnement.

— Pour y voir plus clair et plus loin sans doute, répondîmes-nous.

— N'avez-vous pas assez des astres que vous voyez, sans vous embarrasser l'œil d'une infinité d'autres qui ne peuvent qu'embrouiller l'explication, sans apporter une lumière de plus à *la Cause* qui est évidemment *la même pour tous que pour un seul.*

Peut-être même, en vous contentant d'expliquer le visible, trouveriez-vous aussi la raison de l'invisible?

— Faiblesse de vue; cèla est évident.

— Non-seulement cela n'est pas évident, interrompit la Nuit, mais c'est *improbable*. Dieu ayant fait l'homme Roi de la création, n'a pu vouloir lui rien cacher, en elle au moins; c'est donc celui-ci qui se l'est cachée sous prétexte de la mieux voir.

L'œil devait lui suffire, il a inventé le télescope.

Je suppose, en effet, qu'avec cet instrument on fût arrivé à voir tous les mondes sans exception : *Tous,* entendez-vous bien, si gros et si distancés qu'ils puissent être, ne seraient encore qu'un point imperceptible dans l'espace infini, c'est-à-dire, *rien du tout.*

Or, *ils sont;* mais *finis,* et l'espace *est* aussi; mais *infini.* — Le Fini et l'Infini étant, en principe, aussi *absolus* l'un que l'autre, sont donc *l'un dans l'autre;* — et, si les mondes sont contenus dans l'espace, l'espace est aussi contenu dans les mondes.

Et comme nous ouvrions nos yeux tout grands devant la Nuit, essayant d'y saisir une lueur.

— Le Génie se passe d'explication, il devine, s'écria-t-elle ; le Dante m'avait devinée, ou plutôt il avait deviné comme moi le *céleste Mystère.* La conception de son terrible Enfer n'est autre que celle des mondes *superposés,* par sphères concentriques, alternativement solides et éthérées, les unes dans les autres, innombrables, s'élançant du point géométrique à la circonférence insondable de l'Infini, sans autre commencement que leur fin, sans autre fin que leur commencement.

— C'est renversant !

— Au contraire, cela s'oppose à toute espèce de renversement ; car la création, se trouvant ainsi sphérique, n'a plus ni haut, ni bas, et se tient en équilibre d'elle-même. Il serait même absurde de supposer que le Créateur, ayant eu à sa disposition un moyen d'établir les mondes sur une aussi solide base, ne l'ait pas *nécessairement* choisie, lui qui est la Stabilité en personne.

## IV

— Fais-tu donc fi de l'observation des yeux ? demandâmes-nous à la Nuit.

— Nullement ; mais je la prépare par l'observation de l'esprit, afin qu'*un mirage* ne vienne pas dérouter celui-ci.

— Comment, dîmes-nous à la Nuit, nos regards, dont les télescopes ont si bien allongé la portée, vont-ils s'arranger d'une *calotte* sphérique enveloppant notre monde, sans parler des autres ? en une seule question, que vont devenir les distances astronomiques ?

— Une pure fiction scientifique tirée de la ré-

flexion de nous-mêmes. L'image de l'ÊTRE qui, étant *absolu*, ne peut que *se être*, c'est-à-dire *être réfléchi* selon le type que je vous ai fait connaître.
— En fait, les distances astronomiques sont l'extension figurée d'une seule et *unique* distance, *remplie de phénomènes à notre portée* et réfléchie, à l'infini, dans le miroir des cieux!

— Pratiquement, cela peut-il s'expliquer?.... Si tu le fais, ô Nuit! il ne nous reste plus qu'à passer l'éponge sur toute l'astronomie.

— Si la chose n'était pas si *simple*, reprit la Nuit, il y a longtemps que les hommes la sauraient, ou plutôt ils ne l'eussent pas oubliée dans la recherche du *composé*. La Raison, qui franchit toutes les barrières, bronche sur un grain de sable et s'accroche à un point géométrique. Proudhon, ce *Mastodonte* de raison, le sent bien, puisqu'il passe à côté; mais il n'est que *démolisseur*. A chacun son métier; il fait supérieurement le sien. Quant à moi, la Nuit, qui ne cherche ni à démolir, ni à bâtir, mais seulement *à utiliser l'édifice bâti de toute éternité*, je me demande :
Qu'est-ce que l'Infini?

— Tu t'assombris encore, ténébreuse maîtresse;

tes paroles deviennent aussi noires que ta face. Nous allons t'apporter une lanterne.

— J'allais vous la demander, nous dit la Nuit, sans se fâcher.

Et quand nous l'eûmes apportée :

— Suspendez cette lanterne, ajouta la Nuit, entre la glace de votre alcôve et celle de votre cheminée qui se font face, et donnez-vous la peine de regarder dans le miroir où se reflète directement le côté lumineux de la lanterne..... qu'y voyez-vous?

— Une série indéfinie d'images lumineuses, dont la dernière se perd dans la perspective en ligne droite.

— Très-bien..... retournez-vous et regardez dans l'autre miroir qui fait face au dos de la lanterne...., qu'y voyez-vous encore?

— Curieux! nous écriâmes-nous — une seconde série d'images lumineuses, comme dans l'autre miroir.

— Tâchez à présent de vous écarter de manière à voir, à la fois, les deux lignes de lanternes dans les miroirs opposés face à face.

— Nous y voici. — Alors la vraie lanterne occupe le milieu d'un arc de cercle formé d'images lumineuses et dont les deux bouts s'enfoncent dans les miroirs.

— Ce qui vous prouve, ajouta la Nuit, qu'une ligne droite peut parfaitement passer pour une courbe et réciproquement, si on ne les a mesurées que de l'œil, et si on n'y a pas planté la chaîne de l'arpenteur.

— C'est juste; cependant on peut la redresser par l'esprit.

— Aussi bien qu'on peut la courber en sens inverse, repartit la Nuit; mais, reprenez votre place sous la véritable lanterne. Vous occupez actuellement le centre d'une ligne prolongée de droite et de gauche par la *double réflexion*. Armez-vous d'un télescope et vous allez allonger votre perception visuelle et découvrir de nouvelles images de votre unique lanterne, sans augmenter d'une ligne la distance (la seule réelle) qui sépare les deux miroirs; supposons-la de deux mètres; *dans deux mètres vous aurez contenu l'infini,* et il se sera *défini* lui-même, par *la répétition du fini à l'infini.* Définition qui a l'avantage d'accorder la logique avec le sentiment, *immense* découverte encore à faire dans la science.

Or, comme — le cercle et la sphère — ne sont eux-mêmes définis que par une infinité de rayons ou lignes droites égales, aboutissant à un centre commun, il en résulte que : si, au lieu de suspendre votre lanterne entre deux glaces parallèles, vous l'eussiez suspendue dans la concavité d'un miroir sphérique : vous auriez *la définition de l'infini*, non plus *en ligne droite,* mais *cubiquement,* c'est-à-dire dans toutes les dimensions de l'espace.

Ce n'était pas plus *impossible* que ça. Il fallait tout simplement se passer d'algèbre et rengainer le télescope.

Et après un moment de repos.

## V

— Que pensez-vous maintenant des distances astronomiques? demanda la Nuit.

— Nous pensons qu'elles seraient en effet un mirage d'optique, si nous pouvions supposer un miroir sphérique enveloppant notre globe; mais cela est absurde.

— Supposez toujours, avec confiance, la preuve *ab absurdo* n'est pas la plus mauvaise puisque *l'évidence — ne peut pas se prouver autrement.* —

— Nous supposons, répondîmes-nous en plaisantant, sur ta donnée première de mondes creux, emboîtés les uns dans les autres à une certaine distance, que leur concavité est garnie d'une *glace* prodigieuse, étamée du plus bel azur par la main du Tout-Puissant.

Es-tu satisfaite?

— Cela me va déjà mieux, nous dit la Nuit, que *l'attraction universelle,* généralement admise, laquelle ne pouvant exister sans une *répulsion* précisément égale, est purement une *négation,* qui laisse à la question des mondes toute la virginité de son explication. Et ce, *malgré* ou *à cause* de l'effroyable pyramide de calculs astronomiques qui, basée sur *l'infini en ligne droite,* ne peut aboutir *triangulairement* qu'*à zéro.* Mais sans avoir recours à l'étamage d'azur, qui a son mérite comme style, et en se rendant compte de la puissance *probable* des couches éthérées qui enveloppent et bercent notre monde, il serait facile d'établir *la fatalité d'une réflexion,* tout aussi parfaite que dans un véritable miroir.

— Nous aimerions à t'entendre prouver cela.

A ce mot de *prouver*, la Nuit s'assombrit encore ; mais elle continua d'une voix claire :

— Les physiciens après avoir constaté dans la couche d'air, qui est comme l'épiderme de la terre, une puissance de réfraction égale à 8 °/$_0$, — en restant là, se sont montrés pleins de logique ; mais il ne me paraît pas que les astronomes aient montré la même logique en ne poussant pas plus loin l'observation. Eux qui prétendent *forer l'espace en lignes droites de plusieurs centaines de millions de lieues* avec l'aiguillon de leurs télescopes, eussent dû, de temps en temps, le retirer pour *s'assurer de la nature de l'éther qu'ils ont mis en perce* ; mais ils ont mieux aimé s'économiser ce travail en supposant — qu'ils n'avaient rien à supposer.

— Nous commençons à te comprendre, chère maîtresse. En effet, la plus *stupide supposition* est bien celle de *ne rien supposer du tout*. Le vide ne pouvant exister nulle part, en *force* au moins, on est nécessairement forcé de supposer quelque chose là où on ne peut cependant ni toucher, ni voir.

En commençant par supposer tout à l'heure une glace étamée, votre proposition, *si absurde* qu'elle paraissait, l'était pourtant beaucoup moins que *l'absence* de supposition. Tout chemin mène à la vérité, aussi bien qu'à Rome, *le principal c'est que l'on marche*. Quoique partant à l'inverse de la science, vous voici tout près d'arriver.

Admettant en effet, 8 % de réfraction et une épaisseur de 20 lieues en moyenne dans la couche atmosphérique, l'air pesant sur lui-même de moins en moins, vous arrivez nécessairement par *une série descendante* jusqu'à 0 réfraction, à 20 lieues du globe. A partir de là, selon les astronomes, le rayon lumineux dévié en *une courbe sensible* traverserait brusquement *en ligne droite* toutes les profondeurs de l'espace. Sans compter l'injure faite par une pareille supposition à la loi d'harmonie qui veut *l'épuisement de la courbe*, il est impossible de ne pas voir à ce point 0 qui est la *fin d'une série descendante*, le *commencement d'une série ascendante* ainsi : 8 %, 7, 6, 5, 4, 3, 2, 1, 0 rend, 1, 2, 3, 4, 5, 6, 7 % par série *réfléchie* en sens inverse et par conséquent produit une nouvelle zone réfractive.

— Cette zone est-elle donc encore remplie par de l'air ? demandâmes-nous.

— Qu'importe si *la force y est*, répondit la Nuit.

— Mais alors, à l'extrémité de la série renversée et par conséquent à une distance de 40 lieues nous devrions trouver la concavité d'une sphère solide ? c'est monstrueux !

— Souvenez-vous qu'en vous élevant de seulement trois lieues vous n'y vivriez plus ; ainsi ne soyez pas si récalcitrant sur l'espace dont la nature a dû faire l'emploi. Maintenant, un peu de plus, un peu de moins, vous arriverez plus vite que vous ne pensez à cette concavité solide qui vous fait tant de peur. *La loi sérielle* peut vous en donner une idée. Cette loi étant celle de *la hiérarchie dans la nature* est *absolue;* donc toute série n'est elle-même qu'un degré d'une autre série.

Et la Nuit de son crayon de feu traça ce tableau que nous lûmes les yeux fermés.

### SÉRIES

Zones de  ascendantes × descendantes
20 lieues  20 lieues  d'épaisseur.
réfraction différente à distance égale.

| | | | | | | | | | | | | | | | | | | |
|---|---|---|---|---|---|---|---|---|---|---|---|---|---|---|---|---|---|---|
| 1 | Air c 0 | Surface de la Terre | | | | | 8%7 | 6 | 5 | 4 | 3 | 2 | 1 | 0 | | | | 20 |
| 2 | 20 | . | 0 | 1 | 2 | 3 | 4 | 5 | 6 | 7 | 6 | 5 | 4 | 3 | 2 | 1 | 0 . | 60 |
| 3 | 60 | . . | | 0 | 1 | 2 | 3 | 4 | 5 | 6 | 5 | 4 | 3 | 2 | 1 | 0 . . | | 100 |
| 4 | 100 | . . . | | | 0 | 1 | 2 | 3 | 4 | 5 | 4 | 3 | 2 | 1 | 0 . . . | | | 140 |
| 5 | 140 | . . . . | | | | 0 | 1 | 2 | 3 | 4 | 3 | 2 | 1 | 0 . . . . | | | | 180 |
| 6 | 180 | . . . . . | | | | | 0 | 1 | 2 | 3 | 2 | 1 | 0 . . . . . | | | | | 220 |
| 7 | 220 | . . . . . . | | | | | | 0 | 1 | 2 | 1 | 0 . . . . . . | | | | | | 260 |
| 8 | 260 | . . . . . . . | | | | | | | 0 | 1 | 0 . . . . . . . | | | | | | | 300 |
| 9 | 300 | Renversement de la série. ● = 36 % de réfraction. | | | | | | | | | | | | | | | | 340 |

0 1 0

& & & & &

— *Trente-six* degrés de réfraction à la *neuvième* zone éthérée ! en voilà assez pour établir une *réflexion* suffisante à enfermer notre vue, non-seulement dans un cercle, mais *dans l'angle d'un véritable kaléidoscope* répétant *dix* fois les mêmes images autour de la terre, à son équateur, sans que jamais aucun astronome, — fût-il Argus aux cent yeux, *chrysalide* du paon, — puisse se douter qu'il ne voit pas les mêmes images que ses confrères, attendu que toutes, émanant d'une seule, sont absolument pareilles.

— Est-ce donc à ce point, c'est-à-dire de 300 à 340 lieues au-dessus de nos têtes, qu'il faut placer le monde qui nous surplombe, et dont les habitants, marchant sur la concavité, sont *tête à tête* avec nous, comme nous sommes *pied à pied* avec ceux de nos antipodes?

— Il faut du moins, repartit la Nuit satisfaite de notre observation, placer à ce point *la limite de notre sensation directe*. Ce n'est que par l'intelligence de la série, *sériée* dans un ordre supérieur, que nous pourrons un jour mesurer les espaces qui sont contenus dans les sphères, comme l'épaisseur des sphères qui sont contenues dans les espaces. Matériellement, l'isolement des mondes est beaucoup plus absolu qu'avec la supposition des distances astronomiques; et, pourtant, ils correspondent sensiblement entre eux par une *force impondérable* dont la science commence à avoir le secret.

— D'après ton explication, que nous avons saisie, continuâmes-nous avec la Nuit, tu ferais des mondes *une espèce de pile voltaïque, gigantesque, infinie, à éléments sphériques, roulant les uns dans les autres, mis en contact par des atmosphères et communiquant tous entre eux par l'agent électrique.*

Nous ne savons comment notre Raison prendra la chose, mais, bien évidemment, c'est une combinaison aussi simple que grandiose, et si les mondes n'ont pas été créés comme cela, au moins as-tu positivement droit à un brevet.

— Qui donc peut se vanter d'avoir inventé quelque chose? s'écria la Nuit, *chacun ne cueille que ce qui pousse.* Si je vous enseigne une vérité, c'est qu'elle est déjà *éclose* dans votre conscience.

## VI

— Il nous reste, cependant, un certain embarras des étoiles que nous voyons sous prétexte de soleils, et des planètes que les astronomes découvrent tous les jours sous prétexte de mondes.

— Vous ne voyez, reprit la Nuit, que la réflexion de votre lanterne (la Terre), illuminée par l'étincelle radieuse de sa propre électricité (le Soleil), *foyer d'échange* entre les mondes supérieurs et réfléchie *totalement et partiellement* dans toutes les directions, par la sphère éthérée. Mais, à mesure que la *télescopie,* ou l'art de s'enfoncer scientifiquement, se perfectionne; les astronomes, plongeant, de plus en plus, dans la série indéfinie des réflexions, *se creusent une profondeur* et y découvrent des images lointaines qu'ils prennent pour des mondes.

Vous ne m'aviez demandé qu'une planète; je vous les apporte toutes.

— Qu'est-ce alors que l'astronomie véritable?
— La connaissance de la lanterne où vit l'homme et l'étude de tous les phénomènes qui, produits de

la *lumière terrestre* et de la *réflexion céleste,* ne sont que — *un retour de l'œil et de l'esprit sur eux-mêmes.*

— L'astrologie était donc vraie?
— Je l'affirme sur les yeux du hibou! jura la Nuit. Quelles simples vérités *le Mieux*, qui est l'éternel ennemi du Bien, n'a-t-il pas effacées sur la terre?

— Mais comment expliquer cette prodigieuse régularité des calculs astronomiques?
— Cette régularité même, répondit la Nuit, est la preuve la plus écrasante de la fausseté de leur système. Entraînés par les mouvements terrestres, dont *ils n'ont aucune conscience,* les astronomes ne peuvent faire autrement que de retrouver — dans l'angle du kaléidoscope céleste — les images de leur propre lanterne, cent millions de fois répétées à toutes les profondeurs (puisque, en effet, le ciel est *pavé d'étoiles*) — pourvu qu'ils aient *la conscience du temps.*
— Absolument, dîmes-nous, comme, sans regarder l'aiguille de notre montre, nous pouvons prédire *à coup sûr* le point où elle passera sur le cadran à telle heure, telle minute, telle seconde.

— La science astronomique n'a pas d'autre *secret*.

Puisse-t-il aller bientôt rejoindre celui de Polichinelle !

— Maintenant, il ne nous reste plus, Nuit savante, qu'à te demander le *pourquoi* et le *comment* de ces étranges phénomènes. Car, il ne s'agit pas seulement de détruire une croyance, il faut en mettre une autre à sa place.

— Comment ! s'écria la Nuit, j'écrase un serpent (le Mensonge) qui était dans votre lit, et, non content de pouvoir dormir aujourd'hui tranquille, vous voulez que je glisse immédiatement une vipère à sa place ?

— Veux-tu donc nous tromper ?

— Je n'en ai certes pas l'intention, mais puis-je, à moi toute seule avoir la prétention de ne pas me tromper ?

Ce serait refaire encore de l'astronomie.

— Alors, nous allons rappeler notre Raison, et tu essayeras de t'entendre avec elle.

La Raison qui, à cet appel, évadée de notre tête, descendait les escaliers quatre à quatre, enfonça d'un coup de pied la porte de notre cœur.

— J'y consens, s'écria-t-elle.

— Moi aussi, reprit la Nuit; mais, que ce qui sera décidé, ô Raison! ne retombe que sur ta tête! Si l'homme doit s'égarer encore une fois pour avoir voulu *trop* savoir, je m'en lave les mains.

— Et je te les essuie, ajouta bravement notre Raison.

— C'est affaire à toi, dit la Nuit, s'envolant à tire d'ailes. — Ne dois-tu pas porter toutes les souillures?

A cette apostrophe, notre Raison fit un tel soubresaut, que..... nous nous sentîmes éveillé.

# DIXIÈME NUIT.

\* \* \* \* \*

I

Sept heures finissaient de sonner. Notre Raison, prenant le café en tête-à-tête avec nous-même, se préparait à tancer vertement la Nuit à son entrée. Par hasard, il nous prit fantaisie d'allumer une cuillerée de kirsch dans notre tasse, et tandis que notre Raison regardait la flamme bleuâtre qui en léchait les bords, la Nuit, s'avançant derrière elle, lui ferma les yeux de ses deux mains ouvertes.

— Cou.... cou.... s'écria-t-elle.

— Au diable qui m'aveugle! jura la Raison, et s'annonce par ce cri de mauvais augure?

— Si j'ai poussé ce cri, répondit la Nuit, c'est qu'en effet je venais pondre dans ton nid.

— Je t'en empêcherai bien.

— Il est trop tard, ma chère, tu n'as plus qu'à délaisser ta progéniture, si mieux tu n'aimes la couver avec la mienne.

— Trêve de plaisanteries et de locutions symboliques, madame la Nuit, si par tes œufs, tu entends tes paradoxes, tu n'espères pas sans doute que je les réchaufferai dans mon giron?

— J'en suis sûre, au contraire, reprit la Nuit. Tiens..... voici nos œufs..... tout l'avenir est dans leurs coques..... Quels sont les tiens?.... Quels sont les miens?.... Je te défie de le savoir avant que les petits en soient sortis.

— Encore une parabole! qu'est-ce que cela veut dire?

— Cela veut dire que, ne sachant ni l'une ni

l'autre ce qui éclora de *vérités*, ce que nous avons de mieux à faire est de les couver ensemble.

— Les vérités *courent les rues*, dit la Raison ; il y a longtemps que j'ai brisé leurs coquilles.

— A tort, ma chère sœur, dorénavant ménage les coups de bec ; car, en cassant trop tôt les œufs, tu n'en as tiré que des oiseaux *peu viables*. Tu vas m'accuser encore de te parler en paraboles? —C'est mon faible....

« Je t'ai passé *la casse*; passe-moi le séné. »

## II.

— Alors, je vais être franche, reprit la Raison, j'ai réfléchi sur ton système de pile voltaïque appliqué à l'univers, et, il m'a plu, parce qu'ayant inventé moi-même la télégraphie électrique, à l'aide de laquelle *je puis déjà me parler à l'oreille en faisant faire à ma phrase le tour de la terre*, j'ai vu là un moyen, aussi neuf que peu coûteux, de correspondre avec tous les mondes, et en définitive avec leur Créateur, s'il y a lieu.

— Railles-tu ou ne railles-tu pas? ô Raison ! Si tu railles, tu es infâme, car tu m'as comprise et tu ne veux pas que les autres me comprennent ; si tu ne railles pas, pourquoi ce doute sur le Créateur ?

— Dame ! si l'électricité est si puissante, je ne vois plus à quoi.....

— A quoi servirait Dieu ? interrompit la Nuit, j'achève ta phrase afin de t'épargner un blasphème, mais j'y réponds : Dieu sert à mettre l'accord entre le *positif* et le *négatif*, qu'il n'a tirés du chaos que pour en faire les *notes* de son harmonie.

— Tu parles de Dieu à propos de tout.
— Et j'y reviens de même, afin de bien tracer mon cercle et de n'en pas sortir.

— Ainsi, continua la Raison, en supposant les mondes rangés par sphères concentriques, tu n'as voulu que répéter l'image de Dieu à l'infini ?

— Positivement ; et donner raison à l'antiquité et aux symboles recélés dans la Bible, contre la science moderne, en me servant de toi-même, ô Raison ! En effet, ne me disais-tu pas, tout à l'heure, que l'homme, par l'électricité, pouvait *embrasser* la terre entière *dans l'unité de sa sensation* ? Donc, il en est bien le Roi, de même qu'il est l'image de son Dieu, — tu n'as fait que te prouver la Bible à toi-même.

La Science, en se servant de ses yeux, a *cru* ce qui lui *paraissait être*, et agonise devant un mirage. — En ne cherchant qu'en ma Conscience, j'ai *vu* ce qui *devait être*, et je renais à la Vérité.

— Me voici donc obligée de subir ton système comme *un article de foi*, se récria la Raison.

— Mais, de quels préjugés scientifiques ne vais-je pas te libérer en retour?

### III

Plains-toi donc!

Des astronomes avaient établi un système dans lequel un certain nombre de globes, attachés à la matrice du Soleil, tournaient autour de lui (sans raison aucune) et ne pouvaient s'en éloigner, comme s'ils y eussent été attachés par la corde d'une fronde invisible; et, d'autres astronomes, s'étant donné la peine de *peser* ces globes (*sic*), avaient trouvé que les plus denses *devaient être* au centre et les plus légers à l'extrémité!

La plus simple loi de mécanique, sinon le plus ignorant manœuvre, vannant du blé et projettant les grains les plus lourds à la circonférence de son van, eussent dû leur démontrer l'erreur de leur supposition première. Mais, bah! il fallait croire à *l'attraction* quand même; et, par conséquent, passer sous silence *la force centrifuge*.

Tu avais avalé cela, confiante Raison : mais ce n'était pas tout.

Émerveillés de ce prodigieux système, constitué pour les environs du Soleil, les astronomes avaient supposé que les étoiles étaient autant de soleils, autour desquels se répétait la même ronde fantastique.

Tu l'as cru encore! Il te fallait, tu l'avoueras, une foi robuste; ne t'étonne donc pas que je lui fasse appel aujourd'hui. Quoi qu'elle endosse pour mon compte, elle ne s'obligera pas pour *la centième partie* de l'erreur dont je la débarrasse.

— Ouf! soupira notre Raison.

## IV

— Prenant ensuite, ajouta la Nuit, le Soleil pour une lampe gigantesque située à trente-six millions de lieues de la terre, les astronomes avaient cru possible de lui faire éclairer ce globe un million et demi de fois plus petit que lui, *oubliant* que le cône d'ombre projeté dans l'espace, par un point relativement si faible, au lieu de produire la nuit, n'eût fait simplement que mettre les habitants de la terre dans la position de spectateurs qui, tournant le dos au lustre de la salle, n'en voient que mieux ce qui se passe sur la scène. En un mot, dans cette supposition ridicule, le cône d'ombre de la terre, c'est-à-dire, la nuit, n'atteignant pas, à beaucoup près, le séjour des étoiles, celles-ci n'en eussent pas moins pâli à la lumière du Soleil, et fussent demeurées aussi invisibles la nuit que le jour.—Cependant, tout en voyant les étoiles, tu as admis l'explication des astronomes.

Seconde preuve étonnante de ta foi.

— Ouf! soupira encore notre Raison.

— Tu as cru à *l'éclairage* de Saturne, et autres planètes encore plus enfoncées dans l'espace, par la lumière du Soleil; lorsque cet astre, supposé un million et demi plus gros que la terre, ne lui apparaissait, à *trente-six millions de lieues* de distance, que comme un disque d'*un pied* de diamètre. Or, en supposant un observateur transporté dans l'espace, à trente-six autres millions de lieues au delà de ce disque,—peux-tu penser qu'il lui resterait visible?— *Non*, trente-six millions de fois *non !*

Comment donc la planète de Saturne, que les astronomes ont placée à plusieurs fois cette énorme distance du Soleil, pourrait-elle être éclairée par un astre *irrévocablement invisible* pour elle?

Ceci serait magistralement absurde, — moins, cependant, que dans la même supposition pour Uranus et autres étincelants *batteurs de pavés* des faubourgs du Ciel.

Quant à la planète de M. Leverrier, comme elle se venge de l'invisibilité du Soleil à son égard, en demeurant invisible elle-même, c'est la plus logique, et l'on peut y croire sans s'engager à rien.

— Celle-ci même, interrompit notre Raison flairant une satire, ne peut guère passer pour un *mirage ;* car, en fixant sa position dans le Ciel, son inventeur s'en est fait une fort belle sur la terre.

— Et cela devait être *fatalement*. Le règne qui *allait s'effacer* de la terre dut récompenser généreusement celui qui lui assurait sa place au Ciel. Malheureusement, issu des révolutions, les révolutions le poursuivent, et il sera forcé encore, sous forme de planète, d'abandonner sa nouvelle résidence.

— Tu fais de l'astrologie, ô Nuit! mais je ne suis pas plus disposée à y croire qu'à tous tes sortiléges.

## V

—Ces mêmes astronomes n'avaient-ils pas quelque prétention aux sortiléges, ajouta la Nuit, lorsqu'ils ont attribué *la cause des marées* à la succion conjointe du Soleil et de la Lune, *posés comme deux énormes ventouses* aux flancs de notre infortuné globe? Cependant, tu crois encore cela, naïve Raison! — C'est tout simplement *stupide;* — parce que les astronomes foulent ainsi l'explication sous leurs pieds pour aller la chercher au Ciel.

La terre, en effet, couverte aux trois quarts d'eau, c'est-à-dire, d'un fluide mobile, tournant elle-même sur son axe, ne peut que *vider ses pôles au bénéfice de son équateur.* — Comment fait-elle équilibre à ce premier mouvement et arrive-t-elle à *vider son équateur au bénéfice de ses pôles?* Telle était la question du flux et du reflux, et — la poser, c'était la résoudre. — Si le mouvement de la terre sur elle-même est connu, elle est douée d'un autre mouvement tout aussi connu (celui de translation *circulaire* autour d'un point, relativement *fixe*, que regardent *successivement* tous les points de son équateur, comprimés à leur tour par une nouvelle force centrifuge). La terre, donc, sous l'impression du *premier* mouvement *écrasée toujours sur ses pôles*, et *écrasée successivement sur ses flancs* par le *second* mouvement, présente en même temps *deux marées hautes et deux basses, montant ou descendant chacune en* 6 *heures, parce que la terre tourne en* 24.

Les retards *journaliers* dont on fait un compte si juste et si détaillé dans les bureaux des longitudes, étant réguliers, dépendent d'un autre mouvement de la terre *encore incompris*, mais dont le Soleil et la Lune (exemple tout récent; *la grande marée* du 9 mars), sont aussi innocents que les tempes sont innocentes des battements du pouls, parce que *le mouvement du cœur fait tout battre en mesure* pour les besoins de la vie.

Or, c'est au cœur du monde *vivant*, ajouta la Nuit, que je suis placée.

— Moi, j'en occupe le faîte, s'écria la Raison.

— C'est à cela, sans doute, que tu dois de n'en aspirer que les fumées qui se changent en suie et se collent à toi sous le nom de *préjugés*. Ce n'est que lorsque le feu prendra dans la cheminée que tu en seras purgée.

— Et qui l'y mettra?

— Ton propre flambeau, je l'espère.

— Mais, que feras-tu, ô Nuit! durant l'incendie?

— J'y apporterai *les eaux* et *l'esprit de Dieu viendra flotter dessus*.

— C'est le commencement de la Genèse que tu me récites-là.

— Je le sais, reprit la Nuit; mais tu n'a pas compris ce livre. Tu crois le monde fait de la matière et du temps : il est fait de l'Espace et de l'Éternité; son commencement et sa fin sont *à chaque minute*, et sa durée *toujours*.

La Genèse t'avait donné l'Absolu, et tu l'as lue à l'envers.

— Ne serais-ce pas toi, pauvre Nuit, qui, pour avoir voulu la lire à l'endroit, te serais mis l'esprit à l'envers? Tu étais en train de procéder par une suite d'opérations assez logiques à démolir un système pour faire de la place au tien.... Puis.... Prst!... Je ne sais pourquoi, abandonnant la logique, tu commences....

— *Naturellement* par le commencement du monde, interrompit la Nuit, en revenant à la tradition sur les brisées du temps.

— Connu ! ma chère, s'écria la Raison ; connu ! Tu vas faire comme MM. Cuvier et Geoffroy-Saint-Hilaire :—expliquer *les six jours de la création* par les couches géologiques de notre globe.

— Je ferai plus, en m'appuyant sur cela, sagace Raison.—Ayant admis l'éternité de la création, tout comme moi, par d'autres raisons peut-être, nous sommes forcées l'une et l'autre d'admettre, sur la preuve des couches successives découvertes dans notre globe par ces savants géologues, que les mêmes couches sont à *l'état permanent de formation* dans la série des globes qui se succèdent dans l'espace infini.—De telle sorte, qu'à un point quelconque de l'Espace, soit dans la série ascendante, soit dans la série descendante, *tout ce qui a été, est encore et sera toujours!* Le Passé, le Présent et l'Avenir ne sont que *la hiérarchie du Temps*, et, sans interruption, — un monde finit en même temps qu'un autre recommence à une autre place. —Chacun vit son temps, *remplit son octave* et peut, par la sienne, *préjuger* des autres ; mais celles-ci doivent lui demeurer *physiquement* cachées.

Dieu n'a créé que *le nécessaire*. — Libre à l'homme de se procurer *le superflu* à ses risques et périls!

## VI.

— Voilà un magnifique corollaire de ton problème des mondes, s'écria la Raison; mais, comment l'as-tu lu dans la Bible? O Nuit! donne-moi ton secret.

— Mon secret.... non; car c'est celui de Dieu, et il n'appartient qu'à ceux qui le devinent. Ainsi s'explique l'*Initiation* par l'Esprit d'initiative.

La lettre *tue* et la bouche *ment*; mais l'Esprit *vivifie* et le Verbe *est vérité*; donc :

« Devine si tu peux, et choisis si tu l'oses! »
A l'homme par sa loi donnant la Liberté,
Dieu ne s'est rien gardé du mérite des choses :
Il le laisse à la Foi comme à la Volonté.

Ciois donc et veux le Bien sans calculer le reste.
En donnant sans compter on s'enrichit de tout;
La Charité le dit. l'Espérance l'atteste.
La Vérité renaît.— *le Mensonge est a bout!*

— Il n'en sera que plus difficile à arracher, reprit la Raison, car il offre ainsi moins de prise. Je m'étonne même qu'avec les connaissances que tu parais avoir, découvrant le mensonge partout, tu veuilles le saisir dans l'astronomie, dont, entre nous, le monde se moque passablement.

Tu perds ton temps.

— La Nuit en connaît trop la valeur pour s'y tromper. Ainsi, laisse-moi faire. C'est précisément parce que le monde attache à l'astronomie un faible intérêt (à tort — je le prouverai plus tard) qu'il me l'abandonnera comme *un os à ronger;* mais j'y aiguiserai mes dents au lieu de les user, et de chaque science que je mordrai ensuite, j'enlèverai le morceau.

— Par Voltaire! jura la Raison, moi, qui me croyais révolutionnaire.... tu me dames le pion.

—Voilà comme se trompe la Raison en personne. Avec *la ligne droite,* ayant tout haché, ses révolutions n'ont fait que de la poussière.

— Mais, si tu déchires tout avec tes dents, il me semble, Nuit inconséquente, que tu fais toi-même ce que tu me reproches.

— Encore une erreur. Ma bouche traçant naturellement le demi-cercle, de deux coups de mâchoire en sens opposé, dans un lambeau de mensonge, je me taille une petite vérité *toute ronde* qui fonctionne immédiatement. C'est ainsi que je viens de découper une astronomie à peu près neuve dans les vieux cartons de la Science.

— Ton astronomie n'est pas seulement sortie de l'œuf.

— A qui le dis-tu? puisque j'ai commencé par t'annoncer que je te l'apportais à couver. Fallait-il donc qu'en présentant un système tout éclos, tout calculé et tout dessiné, je privasse ces pauvres astromes de leur *gagne-pain;* eux, qui n'ont pas d'autre métier que de *prendre en sevrage les œuvres du Génie?*

Je leur apporte donc celle-ci à sevrer!

Comme ils sont généralement bons, — en la dorlotant dans de moelleux problèmes d'optique, en la nourrissant d'observations anodines et l'engraissant de chiffres onctueux, ils en feront avant longtemps, je l'espère, une jolie fille très-forte, courant pieds nus dans le Ciel, grimpant à la Lune et *dénichant* des planètes tout aussi bien que la fille de Newton!

14.

## VII

— Ainsi, méchante Nuit, tu délaisses ton enfant sans même l'envelopper de langes marqués à son nom.

— Que veux-tu?... J'en ai d'autres à nourrir et celui-ci est un *enfant trouvé*, un matin, au seuil de mon cœur.

— Sais-tu qui l'y a déposé?

— Dieu!.... sans doute: et il en aura soin.

— Ainsi, pas d'autres renseignements, insista la Raison.

— Pas d'autres.... Oh! si, pardon! reprit la Nuit.—En déposant toi-même l'enfant entre les mains de ces dignes messieurs de l'Institut, tu leur diras, sous forme de renseignement, que la Lune, par ses incartades mensuelles, mettant le trouble dans les rapports journaliers de la Terre avec le Soleil et *éclipsant* quelquefois toute intelligence entre eux, m'a laissé quelques doutes que je les charge d'éclaircir.—Les Éclipses sont-elles un mirage produit par la réflexion du dos de notre terrestre lanterne? — La Lune est-elle une image de la terre, ou simplement *un embryon* nageant sur son atmosphère et s'électrisant au même foyer ?

J'ai la discrétion de ne pas me prononcer, afin de laisser à ces messieurs le temps d'utiliser, pour l'astronomie les fameuses *lois d'interférences* promulguées par feu M. Arago.

— Est-ce là tout, demanda la Raison?
— Tu leur remettras également, ajouta la Nuit, ce talisman, en forme de médaille, que j'ai trouvé suspendu au cou de l'enfant et qui doit servir à le faire reconnaître.... Puis, un vieil exemplaire de la Bible, en texte hébraïque, et un morceau de brique provenant de la démolition de la tour de Babel. (*Un souvenir!*)

Du reste, je joins à cet envoi quelques explications succinctes que ton intelligence complétera, sans aucun doute ; et, puisque Dieu a dû, suivant la légende, accorder *six jours* à la création de l'univers, tu ne peux pas moins faire que d'en accorder *le double* aux astronomes pour en comprendre l'image.

## REVERS DU TALISMAN.

Coupe diametrale des mondes et de leurs atmosphères concentriques.

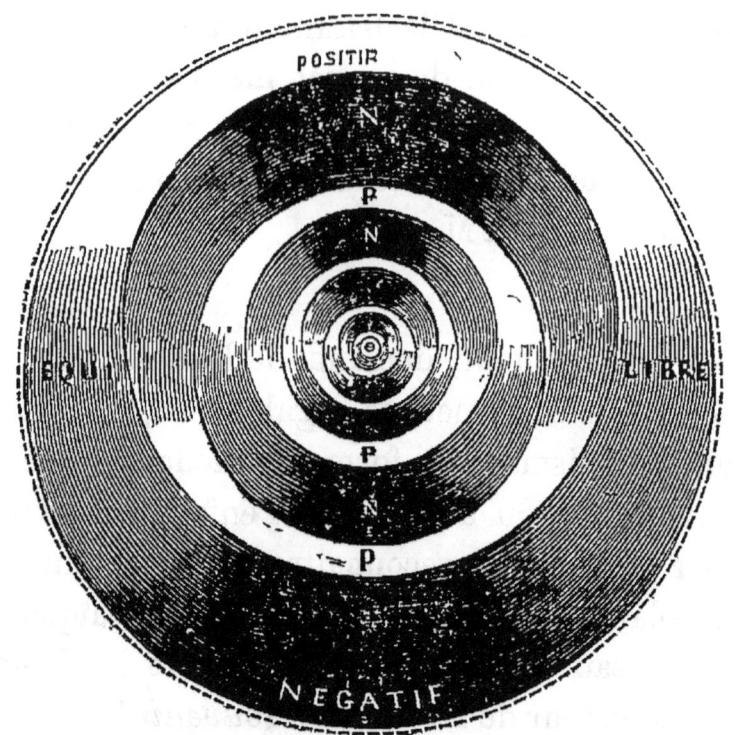

Chaque sphère ayant pour épaisseur moyenne le centième de son diamètre, — soit, pour la coque solide de notre globe, 30 lieues d'épaisseur.—Chacune opérant en outre ses mouvements dans la concavité d'une autre qui a *le triple* de son rayon; —soit, pour le globe enveloppant la terre : 4,500 lieues de rayon, 9,000 lieues diamètre, 27,000 lieues de circonférence et, enfin, 90 lieues d'épaisseur.

—Et toujours les mêmes proportions se succédant, *de monde en monde*, en dessous et en dessus, depuis l'origine jusqu'à la fin de la conception de l'étendue, absorbant l'Espace infini.

## FACE DU TALISMAN.

Indication des mouvements des mondes au sein des atmosphères qui les joignent de chacun a chacun.

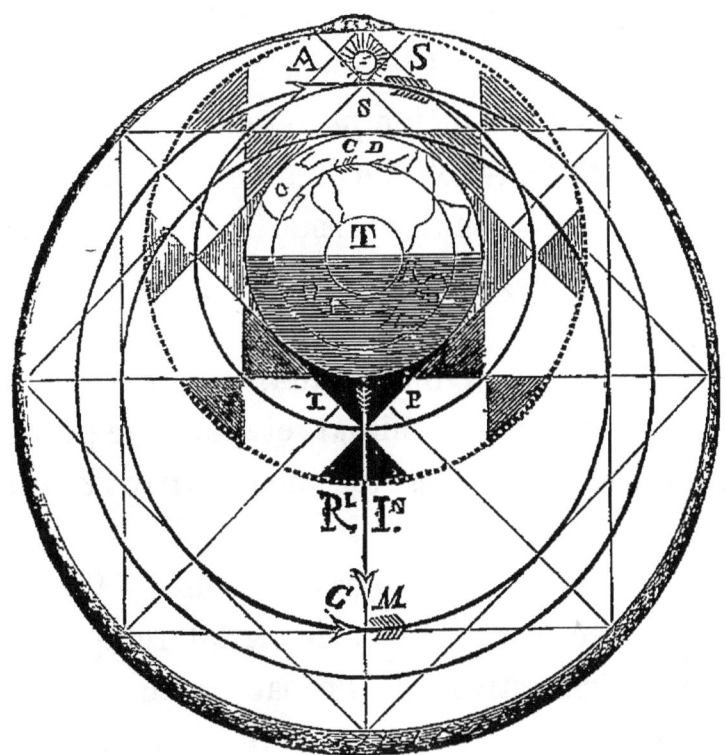

Exemple pris sur T, la Terre.

CD, révolution diurne, en *vingt-quatre heures*, de la Terre *tournant sur elle-même* devant le point AS, formant *soleil* par l'échange d'électricité avec le globe supérieur.

CM, révolution mensuelle, en *vingt-sept jours*, de la Terre *circulant excentriquement* dans la concavité du globe supérieur.

— Les phénomènes de *la vision céleste*, se trouvant renfermés pour l'observateur dans les huit angles pareils à l'angle S, forment une série de kaléidoscopes, ou *doubles réflecteurs*, autour de chaque globe — à l'infini !

Notre Raison, ayant pris ces objets d'un air assez dédaigneux, jeta un coup d'œil sur la face et sur le revers du talisman, et s'étant aperçue que l'exergue portait encore l'empreinte *fatale* du serpent qui se mord la queue :

— Toujours le même *paradoxe* en lettre comme en esprit! s'écria-t-elle. Après avoir fait de l'homme une espèce d'écureuil tournant éternellement dans le même cercle, tu me montres à présent sa cage?

— Du moins, avoueras-tu que la cage est très-bien appropriée à l'animal, et que, si je pèche par quelque chose, ce n'est toujours pas par *l'analogie*.

Si j'avais eu la ressource de pouvoir t'enfermer dans une série de sphères de cristal, remplaçant les couches réfractives de l'espace, peut-être m'aurais-tu mieux comprise, et j'aurais pu te *montrer* au moins, sinon te *démontrer*, toutes les variétés de grandeurs, de profondeurs et de mouvements, produits par la rotation d'une seule lanterne, dans ces milieux tournant eux-mêmes.

Le jour où les astronomes voudront faire *la contre-épreuve* de leurs calculs *sur ce renversement de leur science*, ils n'auront qu'à tenter cette expérience.

## VIII

— D'ici là, dit la Raison, le public n'en ira pas moins admirer, à la Bibliothèque impériale, l'ingénieux mécanisme des mondes, inventé par Newton, et qui fonctionne comme une preuve vivante de la réalité de son système.

— Halte-là! reprit la Nuit, ce mécanisme est tout simplement *une monstruosité*. Qui diable se serait avisé, si ce n'est un astronome, de donner *la réduction* d'une machine de précision, *sans conserver à toutes ses parties leurs proportions de grandeurs et de distances relatives?* Ce soleil, un million et demi, dit-on, plus volumineux que la terre, y est représenté plus petit; toutes les planètes sont les unes sur les autres et les étoiles collées à un firmament *de carton*, en un mot, la puissance de la vérité est telle, que — essayant de démontrer un mensonge, — les astronomes ont dû, pour se faire comprendre du *sens commun*, rentrer en quelque sorte dans la vérité.

— Mais pouvaient-ils mieux faire?

—Oui, en épuisant toutes les raisons de *l'image,* avant de *l'inscrire en faux par des corps,* dont la réalité est hors de notre portée sensible.

O Raison! fais retour à toi-même!

Quel est donc l'architecte qui, prétendant connaître un édifice à fond, serait dans l'impossibilité d'en tracer le plan? Cette superbe machine sert beaucoup mieux à démontrer l'impossibilité des distances astronomiques que tout ce que je pourrais ajouter.

Mais, que les astronomes fassent la réduction exacte de leur système, *au cent-billionnième sur papier à calque;* je les en défie! Car, lorsqu'ils auraient réduit le soleil et la terre *proportionnellement,* l'un à la grosseur d'*une splendide citrouille* et l'autre d'*un pois chiche,* — comme ces deux globes se trouveraient, en réduisant encore leur distance en proportion, à plus d'un kilomètre, — comme il faudrait dépenser au moins trois heures de cabriolet pour se rendre à Saturne, *gros à peu près comme une orange;* — comme il faudrait enfin établir un chemin de fer à la destination d'Uranus, *gros comme une tête d'épingle,* avec embranchement sur Neptune, pour y venir appliquer la loupe, — tout le prestige de leur mécanique céleste tomberait devant *un immense et unanime éclat de rire.*

Quant à mon système, on peut le trouver *effrayant*, mais nul ne le taxera de *ridicule*. — Lequel de ces deux adjectifs convient-il le mieux à l'Œuvre divine?

Prononce toi-même, ô Raison!

—Ayant toujours un argument en réserve, je ne prononce jamais que pour moi-même.

— C'est juste, reprit la Nuit, j'ai tort de te consulter. Mais j'ai fait, moi, *la réduction* de mon système *entre deux glaces et à l'aide d'une simple lanterne,* et note au moins ceci, si tu ne veux pas te prononcer, — c'est que les astronomes, pour rendre sensibles à l'intelligence les grosseurs et les distances *ont été obligés de les effacer toutes,* tandis qu'il m'a suffi de *présenter* à l'intelligence *une* seule grosseur et *une* seule distance *pour les créer toutes.*

J'ai donc pour moi la logique de la démonstration, si ce n'est pas la démonstration même de la logique.

— Assez! assez! cria la Raison, se cramponnant, de ses dix doigts crispés, à notre front brûlant; le Jour vient : je vais réfléchir avec lui.

— Triple ignorante! vociféra la Nuit, rougissant de colère (ce qui la changea en Aurore).....
ce n'est qu'en moi qu'on réfléchit!

# ONZIÈME NUIT

* * * *

I ·

Le jour avait été long pour notre Raison, et, le soir, de tous les livres sur l'astronomie qu'elle avait feuilletés en douze heures, elle ne gardait que de la poussière. En ayant récolté une poignée, elle se blottit dans un coin, attendant la Nuit pour la lui lancer dans les yeux.

Nous voulûmes rester neutre.

Quand la Nuit entra, notre Raison leva en l'air sa main remplie de poussière; mais la Nuit, parant du fouet de son aile, détourna le coup, et la Raison ne fit que s'aveugler elle-même.
— Malheur! s'écria-t-elle.
— Justice!... veux-tu dire, reprit la Nuit; tu emploies toujours ces deux mots l'un pour l'autre. Loin de te plaindre du mal, tu devrais le bénir comme un châtiment mérité, et mériter ainsi le pardon par un repentir efficace.

— Qu'entends-tu par un repentir efficace?
— Changer de route lorsqu'on s'aperçoit de son erreur.
— Mais laquelle prendre?
— Le bien n'est-il pas le revers du mal, lorsque le mal se montre en face? Fais *demi-tour à gauche* (du côté du cœur), et... *conversion*.
— Je viens de m'aveugler.
— C'est pour le mieux; car tu as à gravir une montagne dont la hauteur te donnerait le vertige.
— Ne viens-je pas cependant de parcourir cette route? et je n'y ai pas aperçu de montagne...
— Parce que tu la *descendais*, reprit la Nuit.

Ainsi courais-tu au Progrès, et je t'arrête juste au moment où tu glissais dans l'abîme.

— Où faut-il donc en revenir?

— A gravir la montagne, d'où tu découvriras encore une fois *la Terre promise*, lorsque le flot de tes larmes aura emporté la poussière dont tes yeux sont remplis.

## II

— Toujours souffrir! s'écria la Raison. J'en suis lasse.

— Parce que tu n'espères plus.

— J'aime mieux jouir.

— Jouir!... et *après*?... Regarde-toi donc au sortir de la plus grande de toutes tes jouissances.... Comme tu es bête!....

— Tu as d'étranges comparaisons, ô Nuit! je retiens celle-ci; mais pourquoi la fais-tu?

— *Le besoin* étant le levier de tout, répondit la Nuit; *toute satisfaction n'est qu'une duperie* plus ou moins longue, dont l'Esprit s'aperçoit aussitôt rassasié, et il se trouve *bête* en restant *sans besoin*.

— Pst.. ..... le lendemain, le même besoin recommence.

— Ainsi donc, libre Raison, tu te renfermes toi-même dans ce cercle étroit que tu nies, et parce que tu le nies, tu m'empêches de l'élargir pour l'homme en accordant *tout à ses besoins;* car les satisfaisant l'un après l'autre, et s'en rassasiant par la satisfaction, il en viendrait ainsi jusqu'au *Besoin suprême :* — celui d'imiter Dieu !

— Mais il n'arriverait jamais à cela, se récria la Raison.

— Raison de plus pour le tenter ; car *le Besoin durant ainsi toujours,* l'homme *cesserait à jamais d'être bête !*

— Alors, ma chère, fit la Raison en reprenant son air goguenard, tu prêches la Fin du monde. Mille ans *et plus,* cela est clair: nous ne passerons pas l'an 2,000. — Vive le plaisir ! et finissons gaiement!

— Sois tranquille, reprit la Nuit, tu finiras comme tu as commencé, par l'orgueil et l'ignorance. Obligée de tracer ton cercle, tu en raccorderas les deux bouts; mais souviens-toi que ce monde ne finit qu'en même temps qu'un autre recommence, et que moi-même en accusant *la fin,* j'accuse aussi *le commencement.*

—J'annonçais mourir gaiement, continua la Raison, affectant de se tordre les flancs, et tu me fais *crever de rire.* Je deviens prophète!..... ah! ah! ah! ah!..... C'est fort amusant!

— Ris tout ton soûl, s'écria la Nuit; étouffe avec le masque de Voltaire, que tu gardes collé sur ton visage : « Rira bien qui rira le dernier. » N'y eut-il pas tout un monde qui riait aussi quand Noé construisait son arche?

— Poursuis ta plaisanterie.... c'est au mieux; en pleurant de rire, j'ai lavé la poussière qui me troublait la vue. Je te reconnais à présent, vieille Sibylle flanquée de ton hibou! Tiens....., voici ma main..... si tu en sais autant en *chiromancie* que Desbarrolles, dis-moi mon avenir?

— Qu'ai-je besoin de le lire dans ta main? ta main elle-même ne l'a-t-elle pas écrit dans tout ce qui est et qui bientôt ne sera plus; car *le Déluge va venir !*

## III

— Décidément, précieuse Nuit, tu fais un drame pour l'*Ambigu-Comique*, et j'assiste à la répétition..... C'est superbe de mise en scène!

— En te remerciant du compliment, reprit la

Nuit, je continue..... : Noé avançait dans son travail dessiné sur les plans du Créateur, c'est-à-dire qu'*il classait tous les éléments vivaces de la société corrompue qui allait être engloutie sous ses vices et il gourmandait ceux-ci; mais il faisait entrer ceux-là, un à un, dans* l'Arche sainte de son génie *qui devait surnager, emportant et sauvant l'avenir.* Aussi tous ses contemporains riaient-ils en le voyant travailler, et les savants surtout — en faisaient des gorges chaudes. —

— Je ne vais donc pas assister à un nouveau Déluge, et tu ne m'expliqueras que *l'ancien,* demanda notre Raison, commençant à se trouver mieux assise.

— Je ne prétends rien expliquer, reprit la Nuit, je raconte. Prends-le au passé, au présent ou au futur, comme le monde est éternel, cela m'est parfaitement indifférent..... Mais le Déluge *arriva,* les cataractes du ciel furent ouvertes et la terre *se couvrit des eaux.* Or, docte Raison, je te crois assez versée dans l'interprétation de l'Ecriture pour que tu n'ignores pas que *l'eau,* en langage biblique, signifie *l'intelligence,* et que *les eaux,* au pluriel, signifient *l'esprit des peuples.* Que fut, d'après cela, le Déluge?

## UN DÉBORDEMENT DE L'ESPRIT HUMAIN !

Maintenant je demande si, grâce à toi, Raison ma mie, *tous les réservoirs de l'esprit humain ne sont pas pleins?* — Les bornes-fontaines de la science jaillissent des rivières ; — les ruisseaux du roman, devenus des torrents, roulent leurs immondices ; — la scène vomit la littérature en cascades ; — l'Océan du journalisme, enfin, filtre à travers ses digues, et nul ne peut se prémunir contre le poids de *la dernière goutte d'eau* qui les enfoncera..... Donc :

### LE DÉLUGE EST PROCHE !

et je construis mon arche à la risée des savants, mais *à la merci du monde!* pour lequel les portes en seront ouvertes jusqu'à la dernière heure ; car Dieu n'a condamné personne, et — c'est chacun qui se condamne.

— Va donc pour une noyade de l'Esprit, s'écria la Raison, ceci m'inquiète peu, *je nage entre deux eaux et je me plais dans l'orage.* Je remorquerais, au besoin, ton arche !

— S'il ne vient qu'un orage; mais si... c'est un Déluge?

— Eh bien! si c'est un Déluge, comme tout Déluge honnête, celui-ci doit s'annoncer par des *signes précurseurs*. Le soleil va pâlir, la lune tomber en convulsions, les planètes s'évanouir et les étoiles se précipiter à terre.

— Cela est incontestable, répondit la Nuit avec une teinte d'ironie à son tour; mais ce gigantesque aplatissement de l'astronomie par le très-humble système de *la réflexion*, dont je suis l'image, n'apporte-t-il pas précisément tout cela?— Le soleil, ce monstrueux globe de feu, réduit à n'être plus qu'une étincelle de la terre, n'aura-t-il pas un peu pâli?—La lune pâmée de se trouver méconnue, et les planètes passant à l'état de réflexion, ne se seront-elles pas évanouies? — et les étoiles.....

IV

—Ah! oui, les étoiles! s'écria la Raison, je ne serais pas fâchée de voir comment, de la profondeur des cieux, elles vont tomber sur la terre ?

— Je vais te contenter tout à l'heure, reprit la

Nuit, mais que la chute des étoiles ne t'effraye pas trop: elles sont, depuis le commencement du monde, si merveilleusement *rivées à la terre* que les astronomes ont dû déjà les appeler *fixes*. Aussi, ce ne seront pas elles qui tomberont, mais ces messieurs, de toute la hauteur où ils les avaient logées dans le ciel, et — ils vont faire une belle chute !

— Voilà qui est trop fort! les étoiles que le télescope et la trigonométrie nous démontrent si haut placées que, sur une base de 72 millions de lieues en ligne droite, on ne peut trouver l'écartement suffisant à justifier *un angle*....

— Probablement parce qu'il n'y en a pas, murmura la Nuit, sans vouloir interrompre la Raison.

Celle-ci continua donc :

— Ces étoiles enfin, visiblement au-dessus des astres qui les occultent, seraient *collées* à la terre?...

— Oui, ou à peu près, interrompit la Nuit; et c'est précisément à cause de leur rapprochement que tu les vois *aussi loin;* — comme on les appelle *fixes*, parce qu'elles partagent tous les mouvements du globe, aussi bien que l'homme qui y est attaché. — Figure-toi la terre, *élément de la pile éternelle,* produisant vis-à-vis de son équateur une vaste étincelle électrique dont tu n'aperçois que la pointe lumineuse; le soleil. Pendant ce temps les étoiles restent invisibles dans la réflexion des cieux, parce que *la grande émission de l'électricité, par le dôme de l'équateur, l'emporte sur celle des pointes de la terre,* ou montagnes, *qui en produisent aussi séparément.* Mais au pôle, mais de l'autre côté de la terre (du côté de la nuit), chaque montagne, *dressant sa pointe comme un paratonnerre, devient visible par son reflet* dans le miroir sombre des cieux.

— Mais pourquoi l'œil n'aperçoit-il pas cette lumière se former au sommet de la montagne et la retrouve-t-il au contraire à l'extrême profondeur des cieux?

— Parce que, continua la Nuit, noyé lui-même dans la cause de cette lumière, l'œil n'en peut apercevoir que l'effet, *réaction* de la cause, *qui s'écrit d'autant plus profondément dans le miroir céleste que l'action est plus proche de nous.*

— Quel affreux paradoxe!

— Tu sais, ô Raison, combien je t'ai appris à respecter le paradoxe; celui-ci va encore une fois *te clouer à la vérité.* — Va-t'en regarder à l'étalage de ces tailleurs (à grand effet) dont les ouvriers, assis devant une glace suspendue au fond de la boutique, travaillent en face des spectateurs.— Si par hasard ou par habitude tu fumes un cigare, à quelle place en aperçois-tu la lumière dans le miroir du fond? n'est-ce pas *derrière* tous les ouvriers tailleurs placés entre la glace et toi?..... et pourtant ton cigare *est plus près de toi* que les ouvriers, puisque tu le tiens dans ta bouche.

Ton cigare est pour toi comme *une montagne* que ton souffle avive; *sa lumière*, comme *une étoile* que tu aperçois *la dernière dans la réflexion*, et qui, suivant absolument tous tes mouvements, *te semble fixe*, si tu n'as pas le sentiment de ce qui t'entraîne avec elle.

— Oui, mais il faut supposer la réflexion, et.....


## V

—Pour supposer la réflexion, interrompit la Nuit, il faut avoir le principe de réflexion en soi-même; or, la Raison *ne réfléchit pas*, puisqu'*elle ne renvoie jamais qu'après avoir décomposé*. Du reste, la supposition est inutile en cette matière; la Loi sérielle *veut* que cela soit ainsi.

— Je récuse la Série, s'écria la Raison ; et, d'ailleurs : « Il n'y a pas de règles sans exceptions. »

— Ce sont les savants qui ont dit cela pour faire passer les leurs, repartit la Nuit, car il y a *une* règle *sans aucune exception*, et qui explique *toutes les exceptions;* c'est celle-ci :

« IL Y A DES DEGRÉS EN TOUT. »

C'est-à-dire — LA SÉRIE, — divine hiérarchie de l'Univers; *l'échelle de Jacob*, de la surface de la terre à la circonférence du Ciel; *l'enfer du Dante*, de la surface de la terre à son centre; *le signe d'alliance* du Créateur avec la Créature, l'ARC-EN-CIEL *analyse naturelle* du principe des principes que la Bible a fait succéder au Déluge ; —LA LUMIÈRE enfin! qui, se révélant au-dessus du débordement de l'Esprit, ou *des eaux*,—promet au monde qu'il ne peut pas périr,—puisque, *créé d'elle-même*, il se refait, *comme elle-même, de l'image de lui-même!*

## VI

— Ainsi, demanda notre Raison, plus aucun moyen de discuter sur la distance des étoiles?

— Aucun. — Le dernier des signes précurseurs est accompli ; les étoiles sont bien à terre. — Gare-toi du Déluge !

— Es-tu bien sûre que ce ne soit qu'un Déluge de l'Esprit, ô Nuit ! ne va pas me tromper.
— J'en réponds, et je ne mens jamais, dit la Nuit.

— Alors, rentre dans ton arche pour te mettre toi-même à l'abri, reprit la Raison. Je me trouve bien plus en sûreté, logée où je suis, dans une foule de cerveaux humains complétement *imperméables* à l'onde intellectuelle. Quand celle-ci devrait envahir les plus hauts lieux, ces cerveaux ont fait une telle provision *de vanité* qu'ils peuvent surnager à un Déluge de quarante jours, et laisser même à la Terre une année bissextile pour se sécher !
Cette fois-ci tu pourras, plus heureuse que Noé, conserver la colombe dans l'arche et ne lâcher que le corbeau : il te rapportera, bien certainement, une de ces *vessies gonflées*, en aussi parfait état de conservation *après* qu'avant le Déluge de l'Esprit.

— Hélas! soupira la Nuit, je te retrouverai encore en dégonflant les vessies.

— Je suis éternelle, ma chère; éternelle comme toi! s'écria la Raison.

—Tu l'avoues donc! Alors, explique-moi l'Éternité, toi, qui te charges d'expliquer tout, ou *laisse-moi faire*....

— Ah! oui, construire ton arche? Je ne m'y oppose pas : c'est ton affaire ; mais j'ai hâte de retourner aux miennes. Tu m'outrages et je te méprise:—pour la première fois, nous voici d'accord; — quittons-nous sans rancune. Je t'abandonne tes lecteurs qui dorment; suscite-leur des songes ; empare-toi de leur esprit ; je le ressaisirai demain, car tu n'as que *les nuits pour convaincre*, moi, j'ai *les jours pour tromper*.... Bonne chance !

Notre Raison, nous quittant alors brusquement, nous laissa seul avec la Nuit.

— Pauvre folle, dit celle-ci en regardant s'en aller la Raison, je lui aurais pourtant donné un si beau rôle à remplir, si elle avait voulu; car elle est bonne actrice, au fond, mais elle se perd par sa manie de composition. Enorgueillie de quelques succès de salon, un jour, par une cabale infâme, elle fit *siffler* l'Imagination au théâtre du monde. Depuis, celle-ci, blessée, ne travaille plus pour la scène, et la Raison *y emporte tous les succès* avec sa bande de claqueurs. — Alcide! où donc es-tu pour *nettoyer encore les écuries d'Augias?*

A cette apostrophe directe à une personnalité qui dormait en nous-même, celle-ci se réveilla.

(Le lecteur sait que nous ne racontons qu'un rêve.)

— Alcide.... qui m'appelle?
— Moi, répondit la Nuit; car il ne peut rester dans le souvenir des hommes deux noms pour désigner ceux qui, à diverses époques, auront accompli cette hideuse besogne. On n'y croirait plus avant mille ans. — A toi donc ce travail d'Hercule, et que l'avenir te confonde avec lui!

— Pourrai-je ainsi me débarrasser de cet orgueilleux *Moi* qui m'humilie, demanda notre personnalité vivement contrariée.
— Dieu te l'accordera, repartit la Nuit, si tu mérites un jour de rentrer dans son sein.
— Je ferai donc ce qu'il m'ordonne, dit humblement notre personnalité; mais, avant, montre-

nous ton *laisser-passer*, que nous sachions bien si tu viens du Seigneur.

— J'en viens et j'y retourne, répondit la Nuit, car il faut aussi que je le consulte. Réveillez-vous donc et priez, afin que votre Foi et votre Volonté *agissantes* gravissent, *en s'humiliant,* la montagne du Tout-Puissant.

Le Jour ne put pas nous distraire de notre réflexion. Il nous envoya la faim et la soif, le froid et le chaud, essaya même de la terreur en ébranlant notre maison du fracas de la foudre et brisant nos vitres de la grêle.—Rien ne fit.

La Nuit, en revenant, devait nous trouver encore à la même place.

# DOUZIÈME NUIT

\* \* \* \* \*

I

La Nuit, devancée par l'orage, nous surprit le lendemain, quelques minutes avant son heure légale. En entrant, elle secoua son manteau ruisselant de pluie, sur lequel on ne voyait plus une étoile, et s'adressant à nous :

— Vrai temps de Déluge ! s'écria-t-elle.

Le résultat de nos méditations n'avait pas été favorable à la Nuit, il faut le croire, car nous accueillîmes fort mal cette espèce de provocation à la suite de l'entretien de la veille, et, relevant sur la Nuit nos yeux mouillés de larmes :

— N'est-ce pas assez, lui dîmes-nous, que nous illusionnant de tes songes, tu nous aies fait l'écho de tes odieuses calomnies contre le Progrès et la Science moderne, et de tes navrantes plaisanteries contre notre Raison même? N'est-ce pas assez qu'abusant de notre sommeil, tu aies été jusqu'à compromettre notre personnalité pour attacher *un nom* à tes visions astronomiques, qui le rendront la risée d'honorables savants?

Tu veux encore nous faire prendre la responsabilité d'un Déluge qui bien certainement ne noierait que nous-même !

— Je sais, interrompit la Nuit, que ce calice est plein de fiel, il faut pourtant que vous le buviez; chacun est libre dans sa vie, mais *nul ne choisit son destin*. Il y en a eu de plus grands que vous, qui ont aussi prié Dieu, afin qu'il leur retirât le calice; mais tous l'ont *épuisé* jusqu'à la lie.

— Ils étaient grands, et nous sommes petit.

— Eh bien! devenez grand.

— Atlas ne portait qu'un monde, et les astronomes en ont découvert une infinité d'autres, dont il nous faut prendre charge.

Grandissons donc avec cela !

— Ne les ai-je pas considérablement allégés ?

— Ils sont encore bien lourds. Malgré tes réserves quant à la lune, toutes les planètes sont si différentes que nul ne les prendra pour l'image de la même chose, et leurs satellites, et les éclipses, et les comètes enfin, ces météores prophétiques, nous pèsent encore sur les épaules ?...

Tu ne les as pas expliqués.

— Ta, ta, ta, ta, reprit la Nuit, on voit bien que votre Raison a passé par là, si elle n'est pas encore logée dans quelque coin de votre cervelle.

— Quand cela serait ? Laisse donc notre Raison tranquille et songe à te défendre toi-même, puisque tu la nies.

## II

— Plût à Dieu, reprit la Nuit, que je puisse nier la Raison, cela vous épargnerait bien des fatigues et à moi aussi ; mais il faut admettre ce qui est fatal. Je ne nie rien, c'est la Raison qui nie, et je la ferais se nier elle-même en la forçant à se regarder *de divers points de vue dans un miroir concave;* car certainement *elle se verrait de plusieurs façons différentes* et cependant *elle serait la même;* mais, ne se reconnaissant pas, *elle se nierait.*

— Dis-tu cela pour nous expliquer les différentes physionomies des planètes? demandâmes-nous à la Nuit.

— J'élague en passant une objection et j'en ferai autant de toutes celles que je trouverai sur ma route, mais je ne me dérangerai plus pour cela. — Tenez..... en regardant l'heure à un cadran recouvert d'un *verre hémisphérique,* je me suis expliqué fort bien les comètes.— Une seule lumière éclairait ce cadran, mais avant d'arriver jusqu'à lui, *se brisant sur la convexité du verre,* elle y formait *une étoile suivie d'une traînée lumineuse parfaitement arquée,* et à travers laquelle je vis l'heure, comme, à travers la *diaphanéité* des comètes, on aperçoit les étoiles.

—*Les comètes* ne seraient-elles donc qu'*un effet de la lumière de notre planète brisée sur la convexité ou la concavité de l'une des zones éthérées qui nous entourent?*

— C'est cela même ; et ce phénomène se représente *périodiquement* comme tous les phénomènes célestes, car tout dépend du point de vue où la terre vient nous placer dans l'espace par ses mouvements périodiques.

La lumière, première émission des ténèbres, étant *le principe* dont le monde a été créé, l'explication du monde n'est qu'un problème d'optique, et l'astromie *une vanité* dont je vous prie de ne plus me casser la tête.


Quoique nous eussions encore le tournoiement des satellites et les raisons de l'éclipse sur le cœur, nous nous gardâmes d'interrompre la Nuit.


— Je poursuis le Jour sans l'atteindre, continua la Nuit, comme la Foi poursuit aussi la Raison; mais ni le Jour ni la Raison ne nous atteindront, car ils nous suivent à pas égal. Ils ont leur temps et nous le nôtre, leurs illusions aussi bien que nous.

A l'homme de choisir : *lui seul est libre!*

Après avoir écarté toutes les *mauvaises* raisons des astronomes, je vous confie ma foi *telle quelle*, mais je vous laisse avec la même impartialité leurs *bonnes* raisons, afin de ne peser en rien sur votre propre foi.— Si vous êtes hommes, défendez votre liberté contre les calculs et les télescopes. Puisque « la Foi *ne vient que du cœur,* » a dit saint Paul, ne vous la laissez pas imposer par un autre procédé.

Quand toutes les Raisons du monde se seraient donné raison, la Foi les *démentirait* à l'instant ; donc, ce n'est pas la Raison, mais la Foi qu'il faut poser en principe.

— Sans la Raison? demandâmes-nous.

— Je ne suis pas assez ennemie de moi-même, répondit la Nuit, pour refuser justice à mon ennemie, et parce que je suis cause, *absorber* mes effets. Si je réserve pour moi le plan et la description de l'Arche de salut, je lui en abandonne volontiers la construction.

## III

Réunissez-vous donc, ajouta la Nuit, avec le Jour et la Raison dans *le conseil de vous-même;* voyez, réfléchissez votre vision, réfléchissez votre réflexion et réfléchissez encore la réflexion de votre réflexion, dans votre vision première.

— Cela nous semble bien compliqué.

— Pas plus que ceci, nous dit et nous montra en même temps la Nuit :

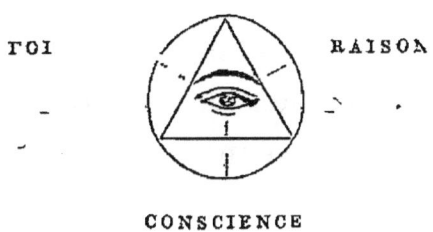

Et vous verrez :

1° La raison de la Conscience et la conscience de la Raison *dans le miroir* de la Foi ;

2° La foi de la Conscience et la conscience de la Foi *dans le miroir* de la Raison ;

3° La foi de la Raison et la raison de la Foi *réunies au sein* de la Conscience.

Après avoir, à notre grand étonnement, fait l'épreuve de cette curieuse réflexion intellectuelle :

— Comment, dîmes-nous à la Nuit, appelles-tu ce procédé ?

— Le Kaléidoscope a trois glaces. La terre, qui ne réfléchit pas, puisqu'elle est réfléchie, remplaçant une des trois glaces dans le système astronomique, livre l'homme à l'incertitude du *double miroir*. Au delà, donc, de la portée de sa vue, limitée par la réflexion, il ne peut certifier qu'une chose : — *le manque absolu de certitude* — quant à la matière.

Or, l'astronomie s'étant posée en certitude matérielle au lieu de rester dans *la certitude d'images*, j'ai dû songer à l'anéantir avant toutes sciences.

— Et celles-ci ne perdront rien pour attendre, dans les dispositions où nous te croyons ; mais dis-nous, ô Nuit, si l'homme, voyant successivement se perdre tout ce qu'il avait trouvé, ne se lassera pas de chercher ?

— Il n'en cherchera que de plus belle, car c'est son lot.

— Et comment trouvera-t-il, enfin ?

— En se servant, pour ses recherches, du Kaléidoscope à trois glaces qu'il a dans son esprit. C'est ce que j'ai essayé de vous apprendre ; mais Rome n'a pas été bâtie en un jour, Paris non plus, et les carrières, dont il faut tirer les pierres pour en rebâtir Jérusalem, sont plus profondes que les catacombes de Paris et de Rome.

— Continue donc, nous t'écoutons.

— Ce n'est pas assez, nous dit la Nuit, priez

votre Raison de vous apporter son flambeau, voyez, lisez et comprenez si vous pouvez.

## IV

En disant ceci, la Nuit tira des plis de son manteau un parchemin roulé où pendaient *dix sceaux*. Elle le saisit d'un bout de chaque main, et ajoutant au poids des sceaux l'action de son pouce sur le vélin, celui-ci se déroula jusqu'à terre, nous dévoilant successivement une série confuse de lettres, de chiffres, de figures et de couleurs. Quand nous eûmes vu la fin, nous comprîmes que c'était le commencement, mais que *nous n'avions encore rien distingué.*

La Nuit nous avertit qu'il en était ainsi de la science ordinaire, parce que les hommes, voulant épuiser la série des effets pour remonter à la cause, *lisaient le rouleau en le dévidant*. Ce qui était absurde, puisque la Cause *repliait,* au contraire, ses effets sur elle-même.

Alors, la Nuit se mit à replier son rouleau par la même manœuvre de ses doigts ; mais, comme elle soulevait le poids des dix sceaux, *elle allait moins vite à envider qu'à dévider,* et nous eûmes, cette fois, le temps de lire en commençant par le commencement.

Cependant, par une cause bizarre et dont nos lecteurs sentiront les effets, c'est qu'à mesure que le vélin *s'enroulait,* notre Esprit *se déroulait,* et nous étions tout à fait *hors de nous-même,* lorsque la Nuit resserra son rouleau.

Que chacun, donc, fasse comme nous, *enroule tout ce qu'il sait,* s'il veut avoir, en lisant, quelque chose à *dérouler.*

Attention.....

Voici l'ENTÊTE du parchemin :

Déroulant devant tous l'éternel problème,
L'Être à lui seul répond par sa question même,
De deux *non,* contre *oui,* se faisant contre-poids,
Il affirme la Vie en la niant deux fois.
Nulle part et Partout lui mesurent l'Espace,
Par Jamais et Toujours dans le Temps il s'inscrit,
Et confirmant le Jour de la Nuit qui l'efface,
Du *contraste absolu* L'ÊTRE *en deux mots* s'écrit :

TOUT, ✕ RIEN.

*formant* L'IMAGE; *éternelle* devise
Que laisse à deviner l'Être qui s'en divise :

Mais à l'Image même empruntant l'action,
Il n'affirme rien.... sauf — L'IMAGINATION ! ! !

O vous en qui Dieu mit cette sainte étincelle!
Si l'éclat du dehors lui fait obscurité,
*Décrochez le soleil!* — Vous pouvez tout par elle,
 Même *inventer* la Vérité !

\*

Assis au-dessus Tout, Dieu, *l'idéal du bien*,
Vit *l'idéal du mal* trônant au-dessous Rien.
Du *sujet renversé* ce n'était que l'image,
Mais l'homme a pris cela pour la réalité,
Et de son libre arbitre *endossant* l'esclavage,
S'est fait le débiteur de la Fatalité.

A l'exemple de Dieu, qui croise ton emblème,
Chacun donc se trouvant créancier de soi-même,
Mais ne se payant pas, — va citer son orgueil
Au tribunal secret de son humilité.
—Tant pis pour les savants s'ils ont *le doigt dans l'œil*
 Quand paraîtra la Vérité!

Comment pourraient-ils la reconnaître?—Ils ne l'ont jamais vue, et c'est à peine s'ils en ont entendu parler.

Chacun de nous a bien quelque part, comme dans *sa conscience,* un vieux portrait de la Vérité;

mais il y a si longtemps que la peinture s'en est écaillée sous le vernis caustique de la Raison qu'elle n'est plus visible pour ceux de notre siècle.

Nous allons cependant essayer de la faire reparaître avec la double action de notre *intuition personnelle* et de *la Tradition*, qui est un souvenir de l'intuition des peuples.

## V

### ORIGINE DE LA CONCEPTION

Pour servir a la conception de l'Origine.

Rien et Tout ne sont pas deux idées; mais seulement les deux extrêmes de L'IDÉE INFINIE, se réunissant sur un point par le fait même de leur contraste.

Rien, étant positivement *le besoin de Tout*,
Tout, est nécessairement *le besoin de Rien*.

Mais, quel est celui des deux qui prime l'autre.... *le Premier* en hiérarchie ?

Évidemment c'est Rien ; car lui seul, possédant

*le Besoin de tout,* pouvait avoir *la Faculté correspondante pour se satisfaire.*

Rien, c'est-à-dire le vide ou l'abstraction, voici le Principe *actif par excellence.*

Tout, sans aspiration possible, se subissant lui-même, n'est que le Principe *passif par excellence.*

L'Idée qui les contient tous les deux, *actif* et *passif,* ne peut être que *le Verbe réfléchi,* dont l'action s'appelle — la Réflexion — qui est,

L'ABSOLU.

Dont voici le signe et *figurément* la clef :

X, que les savants ont pris pour désigner *l'inconnu,* et qui renferme précisément *le germe de toute connaissance.*

— Avoir joué avec la clef si longtemps et n'avoir pas su la mettre dans la serrure?... Que l'on dise, après cela, que la science n'aveugle pas!

Maintenant que nous tenons cette clef nous-même, nous allons nous en servir pour pénétrer dans le sanctuaire de la Vérité. Mais, par quelle porte?.... Celle de devant ou de derrière?.... Celle d'entrée ou celle de sortie?—Par la porte d'entrée, celle de Rien, *qui conduit à* Tout!

Et nous mettons la clef dans la serrure.

L'absence d'Idee.
*Un seul demi-tour* ✕ *de clef, nous donne*
L'idée d'Absence.

POINT GÉOMÉTRIQUE, CENTRE.

*En tournant la clef.*
Absence de Limite. ✕ Limite de l'Absence.

Le Point géométrique étant ainsi le plus rapproché, comme emblème de la pure abstraction, il est certain que l'homme, *avant sa chute*, n'avait pas d'autre symbole de la Divinité. Ce n'est que plus tard, et comme ébloui de l'immensité que le Point lui laissait à remplir, que l'homme enferma Dieu dans la figure du cercle. Oubliant qu'il se posait ainsi sa limite à lui-même.

Géométriquement, le Point qui est *centre de réflexion*, rend donc, avec la même clef, *la réflexion du centre*.

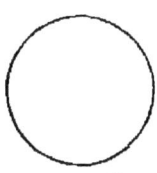

INFINI, CIRCONFÉRENCE, ZÉRO.

*En tournant la clef.*

Idée de l'Étendue.   ✕   Étendue de l'Idee.

Englobant tout, O qualifie rien; et, signe de l'impuissance, il affirme numériquement toute puissance.

Les Égyptiens adorèrent le TOUT-PUISSANT sous cet emblème O. C'était limiter Dieu, il est vrai, mais aussi c'était l'expliquer par l'aspect de la circonférence, *hiéroglyphe de l'Éternité.*

Mieux valait-il *croire* à la toute-puissance, que de chercher à l'*expliquer?* voilà la question.

*Croyez* qu'il valait mieux croire; l'explication

ne répond jamais qu'à *un doute*, et Dieu n'en admet pas en lui.

Le cercle O est encore *la limite de réflexion* qui rend *la réflexion de limite*.

|

FINI, LIGNE DROITE, UNITÉ.

*En tournant la clef.*

Idée de la Limite. ✕ La limite de l'Idée.

— Zéro ne peut sans lui. Il ne peut sans zéro.— Donc ils peuvent ensemble.

En effet, 1 multiplié par 1 ne donne jamais que 1 ; tandis que joint à 0 il donne 10 dix, ou 0,1 un dixième, c'est-à-dire, le commencement et la fin de *la série numérique*, type des autres.

Dieu qui est le nombre, le poids et la mesure, étant avant tout *le nombre*, — cette série est donc manifestée dans l'homme, *image de Dieu*, par 10 *doigts*, disposés par 5 de chaque main et contrastés *chacun par chacun* de l'une à l'autre.

L'homme a tout dans ses mains, comme dans

son esprit. Les savants ont effacé, il n'y a pas longtemps, la chiromancie, *immense vérité* déjà vieille aux temps bibliques, et elle reparaît, pour leur prouver que — le mensonge est un habit qui s'use — fût-il cousu par la Raison. Mais *la vanité de la Science* est encore plus vieille que la chiromancie, car elle a commencé avec le monde. Elle est passée *en proverbe*, et les proverbes ne passeront pas.

Bien que la divinité ait été adorée sous divers symboles, on ne trouverait dans l'histoire aucun peuple, même des plus sauvages, qui ait jamais songé à l'adorer sous l'emblème de 1, l'Unité ou *la ligne droite*, expression du fini qui jurait par trop avec la conception de l'Être infini O.

Il était réservé au xviiie siècle, après avoir traîné tous les symboles sacrés dans sa fange, d'arborer à la fin *une rature* pour emblème de sa croyance!

Inventant le Dieu 1, ce manteau de la bêtise incrédule, dont se drape l'*Athée*, posé en *Déiste!* — Et voici les conséquences désastreuses de cette foi maudite, dont on a presque déifié le grand Prêtre.

Commençant par *l'intronisation de la ligne droite dans le sentiment*, la Raison! ses sectateurs, ignorants de l'antique symbolisme, ayant voulu pénétrer *tout droit* dans le labyrinthe du cœur, au lieu de faire comme Thésée, d'en *suivre les méandres avec le fil que lui tendait l'amour* sous les traits d'Ariane, ils en ont brisé les murailles. Mais les débris, entassés devant eux, ont rendu le cœur plus impénétrable, et l'Orgueil encyclopédique, *ce Minotaure des Vierges de l'Idée*, s'y repaît encore, de la chair de ses victimes !

Partant de là, l'idée *de la ligne droite*, répudiant les embrassements de *la courbe* sa sœur aînée, la ligne du cœur, devenue trop voluptueuse sous la Pompadour, — biffant impitoyablement, par un excès contraire, les contours, les sinuosités, les profondeurs et les élévations, au physique comme au moral, — martelant, rabotant, passant le niveau sur tout, — laminant la vie sous prétexte de l'étendre, — tirant l'esprit à la filière, l'amincissant

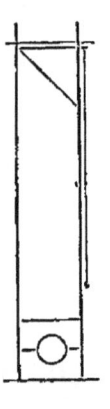

pour l'allonger, — se dressa enfin en *potence double, verticale*, hideux *parallélogramme* de bois rouge, portant à sa traverse *horizontale* le *triangle* de fer, qui fait glisser *perpendiculairement* la mort entre deux *rainures*. — Suprême conjuration de *toutes les droites* contre *la circonférence* du cou de l'homme !

La ligne droite, je le répète, l'*éternelle rature*, dominant la Révolution, produisit, en dernier résultat, cette ignoble période d'abaissement de l'art et du sentiment du beau, dont notre époque se relève à peine.

Riez donc, Hommes de sciences, mais sachez les conséquences d'une Idée ! *La Première*, émanant de Dieu, a créé l'Univers, et vous jouez, comme des enfants, avec *ce grain de moutarde* dont le Christ a mieux fait que de remuer des montagnes, puisqu'il en a retourné le monde !

Jamais donc, jamais ! une société viable ne s'établira sur la Croyance à l'Unité qui, sans le cercle, n'est qu'une *confusion*. Un étant d'ailleurs l'expression de chacun, comme il est l'expression de Tout, la foi en lui, *le Déisme pur*, ce mythe *Voltairien* n'a conduit chacun qu'à *se diviniser soi-même* dans le symbole de l'*impuissance*, en un mot, à

L'INDIVIDUALISME.

Dieu nous en garde, car Dieu s'en garde, et la

preuve en est dans l'aspect même de la ligne droite.

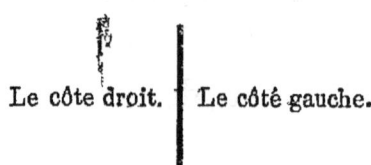

Le côté droit.   Le côté gauche.

Tout en la considérant comme Unité, vous ne pouvez faire autrement que de reconnaître qu'elle vous met en face de ces deux divisions *absolues* de l'Espace, *la droite* et *la gauche* :

Comment voudriez-vous maintenant adorer Dieu en Un, quand il vous présente une opposition de chaque main ?

Le signe de la négation O, et celui de l'affirmation 1, impuissants l'un sans l'autre, n'ont donc qu'à se poser l'un *dans* l'autre, l'un *contre* l'autre, ou chacun *contre* soi, et ils reproduiront la Vérité aussi régulièrement que DIX s'écrit :

Θ  En chiffre égyptien, *l'un dans l'autre.*
10  En chiffre arabe, *l'un contre l'autre.*
X ou *x* En chiffre romain, *chacun contre soi.*
Emblématisant absolument la même chose.

Affirmation de la Negation.  ✕  Négation de l'Afûrmation.

Affirmation *mutuelle* par *double* négation.

## VI

. En ce moment le Jour envahissant notre chambre, nous ne vîmes plus ni la Nuit ni son rouleau, mais nous entendîmes une Voix qui nous disait :

— Ceci est le SEUIL DE L'ARCHE, élevé sur trois marches où il faut poser le pied. Mouillées par les eaux de l'abîme, elles sont glissantes ; tâchez cependant de vous y tenir, car je dois vous y laisser passer *un jour d'épreuves*.

Le flot va monter et vous verrez bien des choses s'engloutir sous vos pieds. N'ayez peur ! La crainte est mauvaise conseillère, et la foi qui vient d'elle ne vaut pas mieux que la foi qui la donne.

Si vous êtes juste, soyez implacable ; mais prenez garde de ne pas vous tromper, car l'abîme, à son tour, serait implacable, et vous y tomberiez.

Prêtez donc aide, même au péril de vous-même, à ceux qui sont en danger de périr ; ceci est la prudence du cœur. Sauvez surtout ceux qui vous chargeront d'imprécations en vous accusant de leur mort, parce que vous ne voulez pas mourir comme eux.

On n'est jamais assez sûr de soi pour *se priver* d'un accusateur, et *en repêchant* son juge, on s'évite de se juger soi-même! Mais si vous aperceviez votre propre reflet qui se noie, laissez-le s'enfoncer, car il vous entraînerait.

Le Déluge de l'Esprit, c'est *le monde renversé;* tout ce qui y surnageait par *la force du vide,* ira au fond.

Hélas! que restera-t-il à la surface!

Bon courage! ajouta la Voix, s'éteignant tout à fait, demain je vous reprendrai sur le seuil de l'arche et je vous en descellerai la Porte.

Mon Dieu, dîmes-nous, en nous éveillant, quel drôle de rêve avons-nous fait!

# TREIZIÈME NUIT

\* \* \* \* \*

I

Deux heures avant l'arrivée de la Nuit, assez préoccupé des choses qu'elle nous avait fait voir, la tête presque enfoncée dans notre cheminée, nous martyrisions à grands coups de pincettes une bûche à demi-consumée, afin d'en tirer des étincelles.—Occupation, d'ailleurs, éminemment philosophique et qui symbolise à ravir la vanité des *individualités* de ce monde, se détachant, au moindre choc, de la masse du foyer, pour crever en l'air — après un mince éclat.

Petit à petit, cependant, peut-être à cause de notre position inclinée et de la chaleur qui nous faisait affluer le sang à la tête, nous cessâmes d'avoir conscience de ce que nous faisions.

Les étincelles s'élançaient encore de la bûche sous nos coups précipités, mais chacune était *une idée*, et nous n'étions nous-même que *la bûche martyrisée*.

Quand nous en eûmes tiré la dernière étincelle, le foyer se refroidit, et la Nuit, à son entrée, nous trouva entièrement glacé de corps et d'esprit.

— Comment, nous demanda-t-elle d'un ton moqueur, avez-vous passé votre jour d'épreuves sur le seuil de l'Arche?

On eût dit qu'elle parlait à la bûche, car nous ne répondîmes point, ce qui ne nous empêchait pourtant pas d'entendre parfaitement.

La Nuit continua donc :

— Vide d'idées par votre propre faute, vous voici réduit à *l'état passif* que vous appelez *matière*. Jugez donc, par ce que vous souffrez en ce moment, de ce qu'elle peut souffrir pendant son éternité !

Les savants certifient *l'inertie*, mais sont-ils aussi sûrs de *l'insensibilité* de la matière ? — J'affirme le contraire par la conscience de l'équité et le témoignage de la tradition. — La matière est le passif *positif*, la souffrance *en personne*, l'Esprit *précipité*, Satan lui-même, *la présence du mal* !

Oh ! vous, méchants, qui ne croyez à rien, qui prêchez le repos du corps et l'anéantissement dans la tombe, que direz-vous lorsque vous sentirez les vers vous ronger et la Vie se repaître de vous-mêmes ?

Insensés ! la matière *subit*, la matière *sent* donc ; mais *elle ne crie pas* parce que le Verbe n'est plus en elle.

Ne dites pas : les Bons seront martyrisés comme nous par les vers... car vous souffrirez de la morsure des vers, et elle ne sera pour les Bons que *les chatouillements de l'Idée* en laquelle ils ressuscitent, — s'éternisant dans la vie, comme vous vous éternisez dans la mort! — Mais l'Éternité, révélée par le cercle, roule nécessairement sur ce point fatal du commencement et de la fin, où se rattache l'Ame rayonnée du centre. L'Ame donc, puisant en même temps, dans le Ciel et dans la fange, en recompose un Être capable de mérite et de démérite, et, par conséquent, *libre de choisir encore* entre le Ciel et la Terre dont il est issu, entre le bien et le mal, entre la joie et la douleur, entre Dieu et Satan!

Toujours! Toujours! Toujours!

Injusticiables de la Justice, qui veut le bien et le mal *fatalement,* pour se perpétuer *librement* en Dieu; — vous verrez :

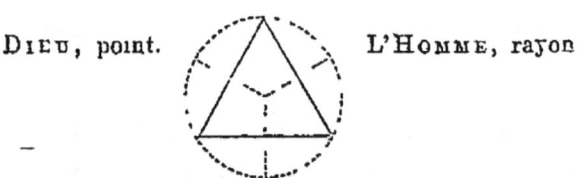

Nous sentîmes en ce moment le Verbe qui rentrait en nous et nous eussions pu parler, mais nous préférâmes nous taire.

## II

La Nuit, laissant encore une fois tomber de sa main les dix sceaux, ouvrit son parchemin; et, l'ayant remis au point où il s'était arrêté la veille, elle continua à *l'enrouler*, permettant ainsi à notre esprit de continuer à *se dérouler*.

LES DEUX COLONNES DE L'ARCHE DE SALUT.

0 et 1, c'est-à-dire l'infini et le fini, se sentant impuissants l'un sans l'autre, se réunirent l'un dans l'autre.

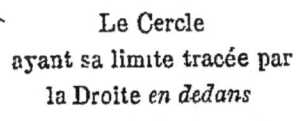
Le Cercle
ayant sa limite tracée par
la Droite *en dedans*
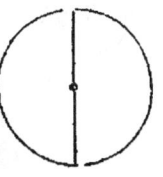
La Droite
ayant sa limite tracée par
le Cercle *en dehors*.

Ils se virent *opposés*, et s'établirent en *parallélisme*, de là :

IDÉE DE LA DUALITÉ.

Deux, où l'Être *double,* formé du *dédoublement* de l'Être, moitié ou 1/2, dont le rapport mathématique est précisément celui de la Tonique à l'Octave, que contient la Gamme ou *Série complète* des *divisions du Tout,* dont elle est — *la première* et *la plus grande,* — puisque *toutes les autres s'y équilibrent en contre-partie.*

Alors, la Dualité, prenant figure dans *les sons,* se renversa de *deux tétracordes* égaux, qu'elle sépara d'une *seconde,* afin de mieux exprimer toute la quintessence de son principe.

L'Être double ainsi contrasté se comprit,

Contraste absolu.   Similitude relative.

et il s'appela LE MOUVEMENT qui s'équilibra de *Force* contre *Vitesse;* mais, ayant trouvé à l'extrême de la Vitesse *la Spontanéité,* qui ressemblait à s'y méprendre à *l'Immobilité;* il posa à ce point l'extrême de la Force, et rentra dans son cercle après en avoir réuni les extrémités.

La Dualité, ou le Mouvement rentré dans son cercle, ce fut :

LA LUMIÈRE SORTANT DES TÉNÈBRES,

qui se figura de l'arc *dominant* sur l'arc *renversé*.

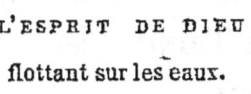L'ESPRIT DE DIEU
flottant sur les eaux.

LE SIGNE DE L'ARCHE
nageant sur l'abîme.

La lumière devint alors visible par le contraste de l'Incolore, blanc, actif *qui fait voir*, avec l'Omnicolore, noir, passif *qui est vu*.

Divine harmonie dont la série, s'écrivant dans l'Arc-en-ciel, est *la notation* du chaos lumineux, comme la série des notes est *la coloration* des vagissements de l'abîme, sortant de l'arc renversé !

La Dualité, c'est-à-dire Dieu, représenté par l'antagonisme des deux principes, *le bien* et *le mal*, fut adoré de quelques peuples anciens.

Cette croyance aussi illogique que serait la croyance à la force et à la vitesse, dans le mouvement, sans *la conscience de l'équilibre,* était cependant de moitié préférable à l'Unitéisme de la raison moderne. Croire à Un, c'est ne reconnaître que le Neutre, et, par conséquent, s'annihiler soi-même. Croire à Deux, c'est au moins reconnaître l'actif et le passif.

Avant Trois, il n'est possible à l'homme de formuler aucune croyance logique. La phrase de l'Ame, dominée par le *verbe,* a besoin du *sujet* et du *complément,* et — avec la Trinité seule commence *la conscience de la Vérité.*

## III

L'infini et le fini, 0 et 1, après avoir conçu l'Être 2, voyant qu'ils n'avaient fait qu'éterniser

La Similitude par le contraste. ✕ Le Contraste par la similitude.

essayèrent de se combattre encore pour rétablir le mouvement anéanti dans ce nouvel équilibre.

Un, s'unissant à *Deux,* se présenta par Trois $(1 + 2 = 3)$, pour combattre 0 l'infini.

Celui-ci, se repliant alors en lui-même et revenant de sa circonférence à son centre, montra qu'il était 3, en s'écrivant ainsi sur

LE FRONTON DE L'ARCHE :

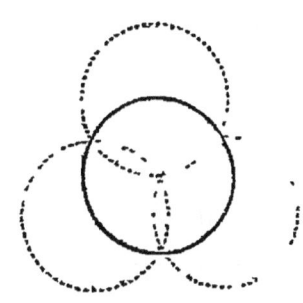

IDÉE DE LA TRINITÉ.

Un et deux, se reconnaissant dans leur principe, s'y absorbèrent. Les chiffres rentrèrent dans le symbole et le symbole suffit aux chiffres, et ils s'appelèrent LA TRINITÉ.

Celle-ci, étant née, s'exprima donc à son tour, et elle dit :
— Entre la lumière et les ténèbres, je placerai les Ombres; entre jamais et toujours, j'établirai le Temps; entre nulle part et partout, j'étendrai l'Espace, et je serai L'AME DE TOUT et aussi L'AME DE CHAQUE CHOSE. L'Espace lui-même aura *trois di-*

*mensions* : Longueur, Largeur et Profondeur ; le Temps *trois époques* : Passé, Présent et Futur ; la Lumière *trois couleurs* : le Jaune, le Rouge et le Bleu ; la Matière aura *trois aspects* : Solide, Liquide et Gazeux ; et je m'écrirai dans l'Esprit de *trois verbes* : Croire, Vouloir et Pouvoir. — Alors, chaque chose et chacun, me reconnaissant en soi, m'appellera, comme je me suis appelée, son ame.

La Trinité, le triple O, aurait pu en dire davantage ; mais l'Unité 1, la ligne droite saisissant encore dans cet équilibre un principe d'immobilité, *trancha* la parole à O en se *tranchant* elle-même de son propre symbole au centre de O.

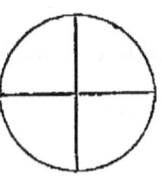

IDÉE DU QUARTENAIRE.

— Ne sommes-nous pas convenus, dit 1 à O, en face de notre *contraste absolu* de nous *équilibrer* par nos contraires et de nous *mouvementer* par nos semblables. Or donc Trinité sainte, triple puissance du Zéro, si tu as révélé l'AME par l'opposition de toi-même, moi, je révèle l'ESPRIT en m'opposant également à moi-même. Tu es TROIS, je suis QUATRE, et nous ferons ( 3 + 4 = 7 ) SEPT à nous deux, qui sera le chiffre et le symbole de la MATIÈRE.

L'Ame comprendra l'Esprit, et l'Esprit expliquera l'Ame; mais, réfléchis de l'un à l'autre, ils se verront *double* en chacun, et l'ÊTRE se comptant $2 \times 2 = 4$, se dira QUATRE, avant de se diviser encore.

Cela dit, 3 et 4 se posèrent en regard.

| | |
|---|---|
| 3 parti de la circonférence. | 4 parti du centre. |
| 3 qui réunit. | 4 qui sépare. |
| 3 qui est l'essence de chaque chose. | 4 qui est l'essence de tout. |

Et chaque chose est dans tout.

AME. ✕ ESPRIT.

Et tout est dans chaque chose.

— TROIS a fait son panégyrique, prononça l'Être, que QUATRE fasse aussi le sien.

4 parla donc :

— Toi, 3, tu comprends tout, moi 4, je fais tout

comprendre. Tu vas du dehors au dedans, je vais du dedans au dehors; mais tu te montres pour t'affirmer, moi je me cache pour la même chose. Si tu es les *trois couleurs* de la lumière qui se voient, les *trois dimensions* de l'Espace qui se mesurent; je suis les *quatre directions* que l'on trouve à toute place sans les voir : le levant, le couchant, le sud et le septentrion.

C'est moi que l'antiquité a divinisé en écrivant Dieu de QUATRE LETTRES dans soixante-douze idiomes primitifs conservés jusqu'à ce siècle.

יהוה, ΘΕΟΣ, DEUS, etc., etc., etc., DIEU.

Christ, le divin maître, est mort sur mon signe sacré, et *quatre lettres* y sont restées clouées : I. N. R. I. — Je suis LA CROIX ! — Spirituellement et géométriquement je l'ai prouvé. Physiquement je vais le prouver encore, parce que le temps est arrivé du *règne de l'Esprit*, où il doit *se sacrer lui-même* pour commander à la Science qui ne vit que de lui seul.

Je suis l'ÉLECTRO-MAGNÉTISME, le signe et la croix du Mouvement absolu.

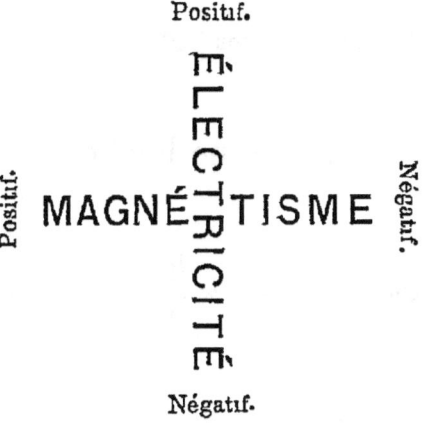

Et la terre, roulant sur ses pivots d'aimant en travers du courant électrique, obéit à ma loi, que je ferai prévaloir contre tous les mirages d'une fausse science.

Que l'on ose nier à présent devant ce signe!

Isaïe, Jérémie, Ezéchiel et Daniel sont ressuscités dans Franklin, dans Volta, dans Bunsen, dans Ampère, qui ont été mes prophètes, *sans le savoir*. — Je suis la Croix, — et il faudra toujours adorer la Croix;.... mais le bois de celle-ci ne pourrira plus!

Christ n'avait-il pas dit que *la lettre* devait mourir? O monde, brûle tes idoles pour adorer *l'Esprit!* Et l'Esprit c'est moi, moi 4, qui me révèle en me combattant.

Moi, la ligne droite de la Raison ✕ Par la raison de la Ligne droite.

J'ai tout haché, je me hache.

Affirmation verticale.  Negation horizontale.

Je suis *la Raison du dix-huitième siècle*, celle qui aiguisa en 93 le tranchant du couteau sur le cou des victimes, afin qu'il tranchât mieux celui des bourreaux ; mais « *les semblables se repoussent ;* » au tranchant du couteau, s'opposa le tranchant de l'épée.—La *force* vaincue par une force pareille, se changea en *équilibre*, — reproduisant une fois de plus pour le monde le signe sacré de la croix !
Gloire à Napoléon I<sup>er</sup> !

Seul pour tous en dedans. ✕ Seul contre tous en dehors.

Fer contre fer, sang contre sang, foi contre foi. *Fils* de l'Éternel, *le Seigneur Dieu des armées*, il gravit le Calvaire du monde, portant aussi sa Croix !
Ainsi lira-t-on son histoire, née du symbole pour retourner au symbole, quand elle se sera

effacée dans la perspective des âges. Mais cette histoire est vivante encore, c'est celle de notre temps, et la Révolution se poursuit autour du signe *fatal* de la RÉDEMPTION HUMAINE.

De 1815 à 1848—trente-trois ans! Juste le temps de la vie du Christ.... Le même nom vient se rattacher à la Croix, et qui l'y rattache?

VOX POPULI, VOX DEI!

Ouvrez *de la clef mystique* ce nom *Prédestiné!*

Napoléon! Noël ô Pan! *Bienvenue à Tout!* Régénération! Purification de la foi par la foi! Consécration de la hiérarchie intellectuelle qui *doit se sacrer elle-même!* Fin des révolutions par *l'équilibre dans la Révolution même!* Retour à l'ère antique des sociétés qui mettaient *l'or en statues*, et n'en faisaient pas *leur principe de vie!* Résurrection en Occident des grands empires de l'Orient et de ces villes géantes dont les temples étaient le ciel, les palais des temples et les maisons *communes* des palais!

Surabondance de la Terre ; les campagnes florissantes et peuplées de laboureurs !

Multiplication de la force et de l'intelligence ; les machines fonctionnant comme des hommes, et les hommes ne fonctionnant plus comme des machines !

Le Génie et le Travail à leur place ! L'Ordre et la Hiérarchie dans la famille et la société ? La Justice implacable ! La Paix partout !

Prospérité de SIX MILLE ans !

Dieu peut, bien certainement, modérer ou précipiter le mouvement de cette roue, mais en voici *l'Axe fatal :* — le Destin *est plus fort que Dieu*, parce qu'il est *l'équilibre et la justice* de Dieu !

Je suis enfin les QUATRE LETTRES du nom de Dieu, et, *quand le Diable y serait*, je forcerai bien le monde à les lire, car je suis aussi *la Nécessité.*

FATUM, — *le Fait* lui-même !

Je suis *la quarte* dans la gamme, *le Tétracorde complet*, après moi, *tout est dit*. L'Être connu dans ses causes ne peut plus que *se renverser* dans ses effets. — Écoutez l'Harmonie : — de la poussière à l'étoile, *tout consonne* dans la nature.

Tout part du Point et y revient.
C'est l'Équilibre dans le sein de Dieu.

En *Zéro*, tout repose :            Tout s'agite en *Neuf* :
C'est *le Silence*.                 C'est *le Bruit*.
    LA MORT.       Ici est       LA VIE.
      0       L'INTERVALLE,      9
*Constitution* et *Renversement*
Premier Tétracorde.     des rapports     Second Tétracorde.
—               naturels.             —

Le Temps.... 1 Tonique           Octave.. 8 L'Espace.
Le Mouvement 2 Seconde      Septième 7 la Matière.
L'Ame...... 3 Tierce              Sixte... 6 la Lumière.
L'Esprit.... 4 Quarte            Quinte.. 5 la Forme.

C'est-à-dire tous les multiples de 9, LA VIE :

1 + 8 = 9, réunis  18     81 de l'Octave à la Tonique.
2 + 7 = 9,    —     27     72 de la Septieme à la Seconde.
3 + 6 = 9.    —     36     63 de la Sixte à la Tierce.
4 + 5 = 9,    —     45     54 de la Quinte à la Quarte.

*Se perpétuant par le renversement.*

En principe, $9 \times 4 = 36$.

TRENTE-SIX ! Nombre que les Arabes avaient pris pour diviser la sphère en y ajoutant 0, le signe d'infinité, 360°.

Voilà ce que les savants ont biffé en voulant *mieux* faire!

Tout s'agite dans l'éternelle révolution du 4 contrasté en lui-même; en effet, $1 + 2 + 3 + 4 = 10$, c'est-à-dire, *la fin* de la série et *le commencement* d'une nouvelle. Avec cela, on peut jouer tous les airs, calculer toutes les distances, poser et résoudre tous les problèmes; et l'Algèbre, cette *hiéroglyphie de l'absurde*, alla rejoindre l'Astronomie dans le Déluge de l'esprit humain!

Mais, n'ayez pas peur, vous que j'ai recueilli sur le seuil de l'arche, entre ses deux colonnes et à l'abri de son fronton triangulaire. Ceci est

LA PORTE DE L'ARCHE DE SALUT,

au centre de l'Arche elle-même, *fermée de deux battants et dont chaque battant se brisait en deux* ($2 \times 2 = 4$), selon Ezéchiel et Daniel.

Poussez, et elle s'ouvrira !

## IV

Nous étions alors sous l'empire d'une telle hallucination que nous crûmes, en effet, pousser cette porte, mais il en sortit une si grande lumière, que nous commençâmes à regretter la Nuit.

— O Nuit ! vas-tu nous quitter ainsi ! nous écriâmes-nous.

— La Fatalité m'emporte.

— Mais tu reviendras demain pour envider le reste de ton rouleau magique.

— Qui vivra demain? reprit la Nuit..... le flot monte et l'Arche flotte déjà, *il n'y a plus que les hauts lieux qui soient habitables*; le monde s'y pousse, il s'y étouffera avant que les eaux y aient atteint. Cramponnez-vous à l'une des deux colonnes de l'Arche, à votre choix, — la porte ne s'ouvrira plus maintenant que lorsque *les hauts lieux* seront couverts.

— Ainsi ce volume est terminé, demandâmes-nous à la Nuit.

— Rien ne finit, tout recommence. J'ai divulgué les plans du Créateur, mais pour construire il faut la place nette..... *J'attendrai l'écoulement des eaux.....*

Cela dit, la Nuit se voila la face et nous nous trouvâmes en présence de la Science des Savants.

Soixante-quatre éléments, sans compter ceux à naître! O triomphe de l'absurdité! *Diviser pour savoir,* analyser! Chercher la vie dans la mort! Écraser un gland pour y trouver un chêne!

Ignorance! Vanité! Poussière! Aveuglement!

Et voilà les quatre chevaux qui nous conduisent au progrès en traînant le char du Soleil! Encore, ayant brisé le frein, *ils ont pris le mors aux dents!*

Où vont-ils?

A la Vérité, malgré eux; à moins que nous ne versions en route avec le Soleil.

— Espérance! nous cria la Nuit; regardez au

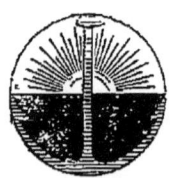

fond de l'abîme, dans l'*arc renversé,* le signe que j'y ai déposé.

Espérance! c'est en cherchant une planète au ciel que j'y ai trouvé ces idées perdues; mais, le ciel est vaste, bientôt je serai en mesure d'en récolter davantage. Je suis l'*opposition absolue* de la Lumière; celle-ci n'a donc jamais pu *percer mon manteau*, que Dieu, au contraire, a semé de paillettes que vous vous *imaginez* des mondes ! — Prévenez vos astronomes afin qu'ils essuient leurs télescopes. — Ils en verront, ma foi, bien d'autres !

S'envolant, à ces mots, la Nuit agita ses grandes ailes qui nous couvrirent d'une rosée glaciale.

Jamais nous n'avions eu si froid de notre vie.

Nous fûmes donc fort heureux de trouver *au logis* notre Raison qui ne manqua pas, tout en maugréant, de nous faire asseoir devant un bon feu et de nous servir un succulent cordial.

Décidément la Raison *est une excellente domestique;* c'est dommage qu'elle veuille si souvent *parler en maîtresse*. Nous ne la chasserons pas, mais, bien certainement, nous la ferons taire.

— Raison, donne-nous notre habit noir et notre cravate blanche.

—Nous allons à l'Académie.

— Pourquoi faire? grand Dieu! s'écria notre servante ébahie.

— Depuis que la Nuit ne nous apporte plus le sommeil, c'est le seul endroit où nous puissions dormir.

— Vous vous en ferez jeter à-la porte.

— Bah! — nous rentrerons par la fenêtre.

— Avec ce livre! c'est impossible.

—Nous le déposerons chez le concierge de l'Institut. — Peut-être qu'en sortant à moitié endormi de la lugubre séance, Un des Quarante le prendra pour *son parapluie*..... s'il l'ouvre..... et, Dieu le veuille! — ce sera au moins un Académicien que nous aurons sauvé du Déluge!..... Et il y aura plus de joie au ciel, pour ce *seul pécheur* ayant fait pénitence, que pour les *trente-neuf innocents* assis à l'Institut.

— Ainsi, se récria notre Raison, vous terminez par cette misérable plaisanterie.

— Ne vaut-il pas mieux rire que pleurer, repartîmes nous, quand on est libre de faire les deux, et nous tiendrions beaucoup, pour notre compte, à ce que le monde ne prît pas *son extermination* trop *à la lettre*.

— Quel est donc votre but?

— Faire entendre raison à la Raison même, rendre l'Esprit à sa *circulation* pour arrêter ses débordements, et rétablir dans l'Intelligence *le flux et le reflux*, comme dans les mers.

— Et vous pensez que ce livre suffira?

— Non; mais nous ouvrons d'abord les écluses d'*en bas*, en attendant, sans trop de frayeur, *les Cataractes* qui vont tomber d'*en haut* !

# UN DEMI-JOUR

## SUR L'HYPNOTISME

# UN DEMI-JOUR

## SUR L'HYPNOTISME

\* \* \* \* \*

> La pierre que ceux qui bâtissaient
> *ont rejetée*, est devenue la principale
> pierre de l'angle.
> Quiconque tombera sur cette pierre
> là sera brisé; et elle écrasera celui sur
> qui elle tombera.
> (Saint Luc, *Év* ch. XXX, v 17 et 18)

## I

Notre Ame, partie à l'aventure, sans autre but que celui de *visiter ses domaines*, c'est-à-dire l'*Infini*, plus vive que l'électricité, eût pu le faire *spontanément ;* mais, esclave de la loi d'Harmonie qui, *scandant* l'Infini, a divisé l'Éternité par étapes, elle a dû s'arrêter sur *un temps*.

Nous nous sommes arrêté avec elle.

Cette dictée, cependant, reprise après une longue interruption, interrompue encore pour être reprise, appartenant aux *Mémoires de l'Ame*, a commencé et ne finira qu'avec l'Humanité. — C'est *la Voix* qu'ont entendue les Patriarches, les Mages et les Prophètes ; donc, si notre main, frappée d'impuissance par la grandeur de *la Parole même*, se refusait un jour à la transcrire,—fatalement,—une autre main, plus heureuse et bénie du Ciel, reprendrait ce livre à la ligne précise où nous aurions cessé d'écrire.

Ce n'est pas, en supposant ceci, que *nous doutions de nous-même!* mais Dieu seul a le secret du Temps, et nous ne savons ce qu'il décidera de notre vie. Ce que nous affirmons, parce que notre Ame nous le dit, c'est que *l'Éternité lui appartient, aussi bien qu'à Dieu;* donc,—vivant ou mort, —nous arriverons !

L'Évangile n'avait-il pas dit qu'avec la Foi nous *remuerions* les montagnes ? — En y joignant la volonté nous les *aplanirons !* — et, ne voit-on pas déjà que nous avons agi sur elles ?

Le volcan de la Science, après avoir vomi des torrents de lave et brûlé la terre, ne laisse plus échapper maintenant que des nuages de fumée qui se dispersent *au vent de l'Esprit.*

Les savants, « ces espèces de *Conjurés* ou d'*Initiés,* qui ne veulent pas absolument que l'on sache mieux ou autrement qu'eux, » comme les a si bien *définis* l'illustre philosophe Joseph de Maistre, après avoir usé les vieux systèmes au frottement de l'analyse, en voudraient trouver d'autres.... Qui leur en fournirait à présent ?

Les grands Génies sont morts ! et la vermine scientifique les ronge, s'engraissant de leur substance, sans pouvoir en attaquer ni s'en approprier le germe ; car, les Génies morts ont emporté leur Ame, *la lumière de l'Esprit,* et n'ont laissé en dépôt, ici-bas, que *les ténèbres de la lettre.* C'est au fond de celles-ci que *grouillent* les savants, — fouillant la terre pour y trouver ce qui n'existe qu'au Ciel !

Leur foi n'a pu déranger la montagne, mais *les attractions sont réciproques ;* — la montagne se dérangera donc pour les écraser, et, comme ils sont dans les ténèbres, ils ne la verront pas venir.

O Dieu! qui as daigné nous assister de Treize Nuits, accorde seulement *un Demi-Jour* à ces insensés!

## II

Que se passe-t-il autour de nous? — Faut-il en croire notre esprit et nos yeux?

Deux honorables membres du corps médical français, MM. Broca et Azam, ayant lu dans un certain volume, publié par un docteur anglais, la relation d'une foule de phénomènes étranges exportés de France *à la barbe* de la Faculté; ces messieurs, trouvant sans doute que la Vérité, comme le vin de Bordeaux, avait beaucoup gagné à passer et à repasser le détroit, résolurent de tenter les expériences indiquées et *réussirent*,.... à leur grand étonnement, nous n'en doutons pas.

Propriétaires, dès lors, *par droit d'imitation*, du Magnétisme *dépaysé*, MM. Broca et Azam, s'étant conquis la faveur du célèbre docteur Velpeau en lui révélant le seul *coin du mystère* qui l'intéressât comme chirurgien, l'Anesthésie, plus simplement dite l'*Insensibilité*, celui-ci les prit sous son haut patronage et fit lecture publique de leur mémoire en présence de l'auguste et terrible Faculté.

Que M. Velpeau ne s'était-il fait, le matin de ce jour fatal, la section *sous-cutanée* des nerfs de la langue ! il eût rendu un bien grand service aux successeurs d'Hippocrate !

Quoi qu'il en advienne, c'est à cette *Trinité* médicale : M. Broca, M. Azam et M. Velpeau, ce dernier *faisant les fonctions du Saint-Esprit,* que la Faculté doit aujourd'hui — l'heureux privilége *d'ouvrir les yeux* à la Vérité, *en fermant ceux* de ses malades !

O Nature ! que tes mystères sont quelquefois drôles !

Notre vœu vient d'être exaucé. *Le Demi-Jour* s'est fait par l'apparition de ce merveilleux phénomène : aussitôt né, aussitôt baptisé !

Hypnotisme ! délicieuse euphonie grecque qui chatouille agréablement l'oreille ; mais fort mauvais *néologisme* pour exprimer ce qu'il veut dire... *une propriété du sommeil,* — et qu'un mot plus simple, sans la définir, eût mieux rendue l'HYPNISME (de ὕπνος, sommeil).

Merci ! toutefois; merci ! messieurs Broca et Azam, et vous, en particulier, merci! monsieur Velpeau ! Vous venez ainsi de consacrer le Titre *de notre livre,* qui eût pu paraître bizarre au public sans l'appui de votre autorité scientifique. Grâce à *la propriété du sommeil,* on saura maintenant *le pourquoi* et *le comment* de nos Treize Nuits.

Nous ne les avons même écrites que parce que nous étions *initié depuis vingt ans* à l'Hypnotisme, moins son nom, il est vrai; mais, qu'est-ce qu'un nom? — Un manteau de plus sur le dos de la Vérité.

Aussi, les très-honorables savants qui ont été surpris par elle, plus pudiques encore que Joseph, laissant à madame Putiphar un morceau de son manteau, ont-ils jeté le leur, tout entier, sur la Vérité, et se sauveraient encore, si nous n'avions pas juré de leur couper la retraite !

Ces messieurs sont-ils même bien sûrs de n'être pas tombés dans un piége ? Croient-ils que nous fussions resté aussi tranquille en voyant les combattants de la Raison *brûler tous leurs vaisseaux* pour se lancer à corps perdu contre ceux de la Foi, si nous n'eussions pas *prévu* le secours de l'*Hypnotisme*, arrivant, comme Blücker, à la fin de la lutte, pour changer la victoire en défaite et inscrire au livre de l'Histoire *le Waterloo de la Science?*

La victoire s'est décidée pour nous !

La Science ne peut plus maintenant se soustraire à l'explication.

*Il faut qu'elle la donne,* ou elle n'est plus la Science.

Or, la Science *ne la donnera pas,* donc elle se suicidera matériellement. Née de *la négation,* il faut qu'elle meure de même, après avoir vécu *de vanité.* Mais quand ce grand Corps mort sera couché par terre, on reconnaîtra ce qu'il était... l'IGNORANCE VIVANTE !

Après tout, la mort n'est rien. La Science aussi a *son Ame,* et celle-ci ne meurt pas.

La Foi, qui lui manquait à Waterloo, la relèvera de Waterloo !

La Science est morte, vive la Science !

## III

Si nos *conclusions* sont ratifiées, et les savants condamnés *par défaut*, devant le public, ce ne sera pas, toujours, faute d'avoir été prévenus par de nombreuses *citations* des parties intéressées. Depuis huit ans nous leur en avons adressé, personnellement, plus de dix, tant en journaux, brochures et volumes, de prose, de vers et de chiffres. Mais nous ne parlerons que de *la citation*, plus particulière aux phénomènes de l'Hypnotisme, qui a été notifiée à l'adresse de leur plus fidèle secrétaire public, M. Louis Figuier, le rédacteur scientifique de *la Presse* et, *pour copie conforme*, imprimée dans *la Revue philosophique et religieuse*, numéro du 1er avril 1856, sous ce titre :

Conclusions sur le magnétisme, à propos du livre de M. A. J. P. Philips, et de la critique de M. Louis Figuier.

Lequel titre *vaut enregistrement*.

Nous copions textuellement :

On m'accuse de ne pas conclure?

Je me vante de ne pas avoir eu l'orgueil de le faire. Puisque le monde n'est pas fini, Dieu n'a pas dit son *dernier mot*, et les plus savants feront très-bien de ne pas trop risquer le leur.

Des mathématiques et de la Raison, la Science a tiré ses preuves ; — de l'Harmonie et du Sentiment, j'en ai tiré d'autres,—elles se contredisent ?—La Lumière et les Ténèbres se contredisent aussi, et cependant — elles s'affirment !—Est-il donc défendu d'éclaircir ce mystère ? *Cherchez et vous trouverez*, dit l'Évangile, moi *je cherche encore*; mais les savants *prétendent avoir trouvé.*—Que leur foi les sauve donc ! — La mienne aspire à mieux.

L'heure est venue où *l'Ange déchu* qui habite notre sphère et qui s'appelle l'Humanité, ayant trouvé ce qu'il cherchait, va essayer de remonter à Dieu en rétablissant l'harmonie de toutes ses parties.

De là l'étrange impulsion que subit chaque individu sans s'en rendre compte :—de même que l'insecte microscopique, qui vit de notre sang, ne se rend pas compte non plus de l'immense volonté qui le pousse, le torture et le broie pour le bien du corps entier.

L'Humanité s'éveille, vous ne le sentez pas, vous « qui « avez des yeux pour ne point voir et des oreilles pour ne « point entendre ? » Mais elle s'éveille, elle étend ses bras, et le sang crépite à ses extrémités. — Au moment où chacun poussant à l'*Egoïsme* jusqu'au delà de la mort prétend être *soi* pour l'éternité, l'*Esprit se fond, s'anime et se solidarise*, les hommes se réunissent, s'entendent et se communiquent, la pensée franchit les distances en s'accrochant encore à un fil de fer ; mais bientôt elle s'en détachera, et, d'homme à homme, les mêmes cordes sonores vibreront à l'unisson.

Le Magnétisme viendra démontrer que, puisqu'on peut communiquer de pensée, c'est-à-dire, penser ensemble, l'*Humanité* n'a qu'UNE AME, et l'on s'expliquera ce sublime commandement du Christ : « AIME TON PROCHAIN « COMME TOI, » en comprenant que LE PROCHAIN C'EST SOI !

« La Foi ne se commande pas, » donc, toutes celles que l'on a commandées passeront; mais celle-ci *ne passera pas*, parce qu'elle s'impose d'elle-même.

Comme *je prophétisais* ainsi,—le mot est encore français, — sur les ruines de la grande et de la petite Babylone, — lisez Rome et l'Institut, — voici ce qui se passait parmi les habitants du nouveau Continent.... Je laisse ici parler M. Figuier, *qui n'est pas prophète*, mais rédacteur scientifique de *la Presse*, et raconte les choses bien mieux que moi.

« Il y a quelques années, le Sénat et la Chambre des représentants des États-Unis, assemblés en congrès, furent saisis, par voie de pétition, d'une question bien étrange. Quatorze mille de leurs concitoyens, tous sains d'esprit et de corps, honorablement connus, exposaient, sous la garantie de leurs signatures, les faits non moins terribles que merveilleux dont voici le résumé :

« Une force occulte, s'appliquant à remuer, soulever, retenir, suspendre, et qui dérange de diverses autres manières la position normale d'un grand nombre de corps pesants, le tout étant en apparence en contradiction directe avec les lois reconnues de la nature.

« Des éclairs ou clartés, de différentes formes et de couleurs variées, apparaissent dans des salles obscures, là où il n'existe aucune substance capable de développer une action chimique ou une illumination phosphorescente.

« Une variété de sons, extrêmement fréquents dans leur répétition, étrangement divers dans leur caractère. Ces bruits consistent dans certains tapotements mystérieux qui paraissent indiquer la présence d'une intelligence invisible. On entend encore souvent des sons analogues à ceux qui retentissent dans les ateliers de différentes professions mécaniques. Parfois, d'éclatantes détonations se font entendre. Dans d'autres circonstances, des sons harmonieux viennent charmer l'oreille, tantôt comme des voix humaines, et, le plus souvent, comme les accords de quelques instruments de musique. Tous ces sons ont été mystérieusement produits, soit ensemble, soit séparément, sans aucune apparence de concours humain ou d'aucun autre agent visible. »

Je m'en tiens là aussi de l'exposition des faits, et je vais procéder, pas à pas avec M. Figuier, à l'analyse de ces mêmes faits, et comme accessoire du livre de M. Philips.

Or, vous saurez que le livre de M. Philips, publié il y a six ans environ, sous le titre de *Électrobiologie*, est précisément l'histoire et l'explication, au point de vue de l'auteur, de l'*Hypnotisme*, que MM. les savants viennent d'exporter tout récemment d'Angleterre ; « nul n'est Prophète dans son pays! » Mais continuons :

M. Philips n'attaque pas les savants, au contraire ; se proclamant savant lui-même, « il se fait fort d'amener tous les esprits à l'état d'une vérité scientifique dont il aura la gloire d'enrichir le domaine encore si inculte de la physiologie moderne. »

M. Figuier, qui le critique, croit sans doute la physiologie poussée à son dernier terme, il nie évidemment *l'action de l'esprit sur la matière*, puisqu'il fait un crime à M. Philips d'apporter une théorie soutenue de faits et d'expériences pour l'expliquer ; et, au lieu de lui répondre sérieusement, avec ce sel attique qui caractérise un futur membre de l'Institut, il nous le présente débarquant sur le vieux Continent en manière de Juif-Errant.

« C'est à *Bruxelles, en Brabant*, que M. Philips débute, en 1853, dans ce nouveau genre de professorat. Joignant la pratique à la théorie, il y forme, en peu de jours des élèves qui pratiquent aussi bien et même, nous dit-il, un peu mieux que le maître. »

Ici, M. Figuier rit dans sa barbe et je fais de bon cœur chorus avec lui, car j'écrivais à la même époque :

« La science de la Nature se professe au cœur de tous ; nul n'a besoin de maître, nul ne peut faire d'élèves, chacun ne doit chercher que des frères! »

M. Philips, aujourd'hui, n'a que ce qu'il mérite. — Qu'allait-il faire avec les Savants ? — Était-ce pour leur livrer le Magnétisme pieds et poings liés dans l'inextricable réseau des définitions scientifiques et l'enrôler, sous le nom d'Électrobiologie, parmi tous les fluides, dont il n'est, au contraire, que la Synthèse; comme la Lumière, est la Synthèse de toutes les couleurs ? — Alors, grand merci de l'invention !

M. Philips, au lieu de confondre toutes les erreurs, naissant de *l'appréciation séparée,* dans l'Unité du principe philosophique, « CONNAIS-TOI TOI-MÊME, » *greffe* imperturbablement une science nouvelle sur les autres et se prétend inventeur, — d'une théorie, je le veux bien, — mais de la Vérité, c'est autre chose ; — *elle est une,* et c'est Dieu seul qui l'a inventée.

M. Figuier peut donc à son aise rire de M. Philips et M. Philips de M. Figuier, *ils sont à deux de théorie.*

Le Magnétisme, qui existe en vertu d'un principe *nié* par la science académique, *ne peut pas entrer* dans la science académique ; il faut qu'il commence par prouver que celle-ci n'est qu'*un tissu d'illusions,* afin de démontrer qu'il n'en est pas *une* lui-même. — C'est donc une guerre *à mort* entre les deux ; aussi, ne doit-on pas s'étonner que, de part et d'autre, les défenseurs s'acharnent à ne rien concéder.

M. Figuier accuse M. Philips « d'une fâcheuse envie pour le progrès de la science nouvelle, » parce qu'au sortir de Bruxelles, en Brabant, il passe sans s'arrêter à Paris, et va visiter le nord de l'Afrique; il appelle cela un « oubli original; » moi, je le prends comme une marque de haute sagesse. — Je vous le demande, la main sur la conscience, Monsieur Figuier, vous qui êtes un chimiste distingué, consentiriez-vous à faire une expérience de précision dans le laboratoire et sous les yeux d'un apothicaire importun qui voudrait à chaque instant fourrer *une de ses drogues* dans votre alambic ou votre creuset? — Vous ne le feriez pas, c'est évident. — Alors, pourquoi voulez-vous que M. Philips, qui, en *fluidifiant* l'action de la pensée, réduit ses expériences à une espèce de manipulation chimique, puisse expérimenter dans la boutique de l'Académie, dont chaque membre voudrait saupoudrer la mixtion Électrobiologique de l'expérimentateur de *toutes les drogues* qu'il a dans l'esprit?—Vous admettez très-bien qu'*une goutte d'alcali* pourrait faire avorter votre produit chimique, et vous reprochez à M. Philips la prudence qu'il a eue de soustraire son expérience psychologique aux *caustiques* que vous ne lui ménagez guère!—Reconnaissez, au moins, que vous y mettez de la partialité.

Croyez-vous même avoir bien lu le livre de M. Philips? —Alors, vous auriez fait cette remarque, comme moi, qu'il n'est pas de lui, ou tout au moins qu'il est écrit par deux hommes essentiellement différents : un savant et un philosophe. — Le savant, c'est le propagateur errant de la doctrine *embroglio-fluidico-savante* qu'il a inventée, qui s'en va colportant, sous d'autres noms, tous les phénomènes que nous produisons depuis soixante ans à l'aide du Magnétisme.

*Le professeur* en face *duquel :*

« Une personne prend dans sa main un caillou qui se trouve à la température de l'air ; au commandement *duquel*, ce caillou devient si chaud, qu'elle est obligée de le jeter avec la pantomime et le jeu de physionomie de quelqu'un qui se brûle fortement.

« Un disque placé dans la main de la même personne lui occasionne la même impression de chaleur ; mais, cette fois, elle fait de vains efforts pour s'en débarrasser, l'expérimentateur ne voulant pas qu'elle puisse ouvrir la main.

« S'il plaît au professeur qu'une personne perde la mémoire, elle oublie les lettres de l'alphabet, et même jusqu'à son propre nom. »—« Sous la même influence, lit-on dans *l'Akbar* (5 juin 1853), un sujet s'est trouvé en proie à des hallucinations étranges. Les yeux tout grands ouverts, et, dans une maison de la rue Bocchus, il s'est cru à Mustapha. »

Ici nous devons faire cette remarque que depuis la perpétration de l'Hypnotisme par les savants,

M. Philips, plus sûr de ses expériences devant *un semblant* d'affirmation, quittant la Belgique et l'Afrique, probablement pour complaire à M. Figuer, s'est rendu à Paris même, et, qu'en présence de quelques centaines de spectateurs, réunis dans les salons de *la Presse scientifique*, il procède, CORAM ACADEMICIS, à toutes les expériences ci-dessus ponctuellement décrites.

Bien qu'elles ne fussent pas neuves pour nous, nous avons dû rendre hommage à la manière intelligente dont elles étaient dirigées par M. Philips. Mais, ce dont nous nous félicitons autant que lui, c'est que, dans la séance à laquelle nous assistions, il ait eu l'heureux hasard de soumettre à *l'influence hypnotique* un homme, si honorablement connu de tout le monde, si haut d'esprit et de cœur, tellement à l'abri de tout soupçon, même d'une plaisanterie, que personne ne pouvait douter de la loyauté de l'expérimentateur en face de celle du *sujet*.

Aussi avons-nous sincèrement applaudi en voyant M. Laverdant (qu'il nous pardonne notre indiscrétion), l'homme si modestement supérieur, à la figure sympathique, à la chevelure déjà grise, lui, *libre-penseur* depuis qu'il pense!—devenir, *en dix minutes*, une sorte de *pantin de chair et d'es-*

*prit,* — dont M. Philips agitait à son gré toutes les ficelles.....

Et cette expérience a duré *près d'une heure,* c'est-à-dire, tout le temps d'épuiser le code expérimental de l'hypnotisme!

Quoique nous puissions avoir à critiquer en M. Philips (qui ne peut pas s'en fâcher, car notre critique se borne à le trouver *trop savant*), nous ne reconnaissons pas moins lui devoir aujourd'hui *la conquête,* pour notre cause, *d'une preuve publique, incontestable.* — Cela vaut mieux que de beaux discours, et efface bien des théories.

Mais revenons à notre citation :

M. Philips est du nombre de ces magnétiseurs *sans le savoir,* dont j'ai dit dans *la Magie du dix-neuvième siècle :*

« Ceux-ci ne sont si entichés de leur procédé, que parce qu'ils le croient le meilleur ; et aussi le devient-il pour eux, puisqu'ils le croient ainsi, car *la Foi seule est le point d'appui de la Volonté;* mais ils apprendront un jour que tous les signes matériels, ou moyens d'action intellectuels employés par eux-mêmes, n'ont de valeur que *celle qu'ils leur donnent.*

« *Les vrais adeptes* doivent user de tous les moyens et de tous les procédés ; — c'est la manière de *les varier selon les milieux et de les approprier aux organisations physiques et morales des individus* qui constitue la science des grands résultats, dont *l'intelligence seule* est la clef. »

L'auteur véritable du livre écrit sous la raison sociale : « A. J. P. Philips, professeur *d'Électrobiologie*, » est un philosophe profond, à la phrase vibrante, parce qu'elle est sincère et vraie ; je reconnais en lui un bourgeon né de cette sève généreuse qui ravive aujourd'hui l'arbre de la Science, après un hiver de six mille ans ; il comprend la grande Solidarité qui unit *Tous* et *Tout* en UN SEUL, malgré les contrastes les plus étranges, ou plutôt *à cause* de ces contrastes ; il saisit avec une intuition remarquable les principales lois de l'Harmonie universelle et les plante hardiment comme les jalons de la route à frayer à travers les préjugés des Sciences et de la Tradition ; en un mot, c'est un homme de *sentiment* ; je ne puis donc que le plaindre sincèrement du pacte ténébreux qui le lie, pendant 383 pages in-8°, aux fantaisies rationalistes de son trop savant collaborateur, qui, *bronchant* sur la Foi, *se raccroche* à la Science.

Quoi qu'il en soit, si ce livre, écrit en commun ne répond pas à la science officielle, *malgré sa prétention*, il répond, *sans prétention*, aux aspirations de l'Humanité, et tout homme de cœur et d'avenir doit le lire, s'il ne veut pas que de grands changements s'accomplissent dans les croyances du jour avant qu'il ait pris connaissance, au moins, du travail laborieux qui les prépare.

Ce qui distingue essentiellement ma critique de celle de l'honorable feuilletonniste de *la Presse*, c'est qu'en même temps que je suis prêt à abandonner M. Philips, à cause de sa science, M. Figuier l'amnistie, en quelque sorte, de sa poésie philosophique en faveur de cette même science.

C'est donc une question que je vais traiter maintenant avec mon savant confrère et maître en critique.

Je commence par rendre grâce à M. Figuier d'avoir, en quelques mots clairement exprimés, ratifié l'idendité de tous les phénomènes présentés par M. Philips sous le nom d'*Électrobiologie*, avec ceux du Magnétisme ; je puis même lui affirmer que la seule différence qu'il signale encore entre ces deux procédés n'existe pas ; — le sommeil n'est pas plus une conséquence du Magnétisme que l'état de veille une nécessité de l'*Électrobiologie*. — Voilà quinze ans que je produis sur des personnes endormies ou éveillées tous les phénomènes signalés comme des découvertes par M. Philips; mais je n'ai jamais eu la prétention de les attribuer, comme le résume très-bien M. Figuier,

« A l'exercice *régulier* d'un pouvoir, départi à tout homme par la nature, d'agir, par *sa seule volonté*, sur la matière organique, sur les êtres animés et sur l'âme, *sans l'intermédiaire d'aucun organe*. »

Car je n'ai point vu que le pouvoir fût *régulier* ; — je n'ai point vu que *la volonté seule fût en jeu*, — et encore moins *qu'on pût se passer de l'intermédiaire d'aucun organe*.

Voici, au contraire, l'exacte définition que j'oppose, en toute humilité, à celle de M. Figuier.

— Le Magnétisme est l'Art, et non pas *la science*, que possède tout homme d'agir avec *toutes les facultés* de son âme et par l'intermédiaire de *la vibration nerveuse* de tous ses organes, sur *tout ce qui vit* dans la nature, depuis l'homme jusqu'au caillou, et *selon les degrés de l'échelle des êtres.*

Voilà, je l'espère, une définition nouvelle qui nous rapproche déjà grandement. — Ainsi, le Magnétisme n'est point une Science, c'est un Art, et il ne peut avoir d'autre qualification, puisqu'il part de l'Imagination ; par conséquent, il échappe à *la régularité* qu'on réclame de ses effets.

MM. Ingres et E. Delacroix, MM. Paul Delaroche et Decamps sont là pour nous prouver, par la diversité de leurs talents qui nous charment, malgré leur prodigieux contraste, que l'art n'a pas d'autres règles que *le sentiment de chacun* ; — absolument comme le Magnétisme.

Maintenant, monsieur Figuier, vous ne comprenez pas qu'on puisse agir par sa seule volonté, et sans l'intermédiaire d'organes, sur des êtres ou des choses quelconques. — Je suis tout à fait de votre avis ; mais je ne crois pas à *la matière sans âme*, fût-elle même à l'état d'or, de cristal ou de boue. — L'Ame est le rayon de Dieu qui *pénètre partout !*

Qu'est-ce qui nous sépare donc, monsieur Figuier?

Un mot, un simple mot : *le fluide,* et vous savez tout aussi bien que moi que ce n'est qu'un mot. — Rayez-le donc. — Faites-moi la concession d'appeler MOUVEMENT ce que vous appelez *fluide,* et j'abandonne volontiers le mot *Esprit* pour revenir à celui de MOUVEMENT ; une fois d'accord sur le même mot, me voilà tout aussi matérialiste que vous, et vous, tout aussi spiritualiste que moi. — Nous reconnaissons la force et la résistance dans le Mouvement, — qui sont *le mouvement même;* mais ce que nous ne pouvons nous dispenser d'admettre, tous les deux, c'est…. *l'Équilibre* dans le Mouvement,—et ce principe en est…. L'AME !

Maintenant, d'où part la force? — De l'*organisme.* — Nous sommes d'accord sur ce mot, en temps que l'organisme est lui-même *animé,* c'est-à-dire sous la dépendance de l'Ame.

Or, comme toute matière est organisée, car si elle ne l'était pas, elle ne serait pas même *matière,* donc le mouvement, ou *la force,* part *de la matière même* et n'a besoin de lui être communiqué par aucune espèce de fluide?

L'attraction ou la pesanteur se manifeste par un mouvement ; — pourquoi ne l'appelez-vous pas un fluide? — Prouvez-vous que la chaleur soit *la cause* du mouvement de dilatation des corps ou qu'elle ne soit qu'*un effet* de cette dilatation? dans tous les cas, pourquoi l'appelez-vous un fluide? — Pourquoi n'appelez-vous plus la lumière un fluide et commencez-vous à l'appeler *une vibration?* — Pourquoi, enfin, puisque vous, les savants, M. Philips, tout le monde et moi, nous ne percevons l'électricité que par l'ébranlement des nerfs, l'attraction, la chaleur, la lumière et le bruit, voulez-vous que nous en fassions un *fluide,* quand le mouvement, l'attraction, la chaleur, la lumière et le bruit, par lesquels elle se manifeste, *ne sont pas des fluides?*

Avouez donc tout simplement que vous êtes de la vieille école : — CREDO QUIA ABSURDUM, — et ne nous blâmez pas de faire du Magnétisme.

Car le Magnétisme, ainsi considéré, comme *mouvement ou vibration émanant de la matière organisée,* soit dans son tout, soit dans ses parties, et non comme *un fluide,* rend possibles tous les phénomènes énumérés par M. Philips, sans faire le moindre tort à votre science de précision, qui va trouver là des moyens tout neufs d'exercer sa sagacité.

En effet, du moment où vous avez, vous-même, constaté par expérience, que vous pouviez communiquer *à distance* la vibration d'une corde à une autre corde tendue au même accord; du moment que vous savez que notre *organisme* est précisément traversé d'une myriade de filaments nerveux, cordes tendues dans tous les sens et qui vibrent à l'excitation de nos instincts, facultés ou passions, vous devez comprendre à présent, *physiquement,* comment on peut donner ou intervertir une sensation en *en faisant vibrer* le neif, ainsi qu'il arrive *naturellement* dans les rêves où nous sentons sans cause matérielle; comment on peut *à distance* communiquer de pensée avec son semblable; comment on peut communiquer sa pensée même à un morceau de bois insensible, ainsi que *le diapason communique sa vibration* à la table sur laquelle on le pose, etc., etc.; comment, enfin, *hommes et choses* nous pouvons tous communiquer ensemble par une *Vibration harmonique* dont vous n'aviez pas l'idée, et que j'ai l'honneur de vous révéler sans en être plus fier pour cela.

Voici, je l'espère, le Magnétisme posé d'une manière à faire vibrer toute une Académie de physiologistes, quand ils seraient de bois ; si les nôtres n'y répondent pas, ma foi, je n'ai qu'une chose à leur dire, c'est qu'ils ne sont pas même pétrifiés ; le roc vibre encore ; ils n'ont plus que la consistance molle et gluante de tous les Corps qui entrent en décomposition!

Quant à vous, monsieur Figuier, vous refusez à la volonté d'émettre un fluide, ce qui est profondément juste, car autrement, la crainte, l'espérance, l'amour, etc., etc., émettant aussi nécessairement leur fluide particulier, la physiologie se noierait dans le torrent de ces fluides, comme la physique s'est noyée dans les siens.

Mais vous n'hésitez pas à dire que « pour que l'homme commande à ses propres organes les mouvements qu'il leur fait exécuter, il faut bien qu'il existe *une union* entre la matière et l'esprit. »

Donc, je puis le dire à vous, tout bas : « Le grand problème des philosophes est trouvé. » — Cette union c'est « *la loi du mouvement.* » — Mais quelle est cette loi ? — « L'Harmonie ! »

Vous êtes bien assez savant pour me demander encore de définir l'Harmonie ; — écoutez donc :

Soyez assez savant d'abord pour me dire comment il se fait qu'avec huit notes, dont une moitié est même complémentaire de l'autre, ce qui les réduit à quatre, les hommes aient déjà pu chanter tant d'airs et s'apprêtent à en chanter tant d'autres ; — comment il se fait que la composition ait *un principe* si simple et *des productions* si innombrables. — Et moi, je vous dirai comment, — avec le mouvement qui est en moi, le mouvement qui est en celui sur lequel j'agis, les nerfs qui le communiquent de l'un à l'autre par *la sympathie de la vibration* et le mouvement de la Nature qui s'y mêle (en tout quatre mouvements), je produis ce *concert* de phénomènes étranges que vous comprendriez quand vos sens y seront faits.

Allez, la Nature est assez riche en merveilles pour faire, longtemps encore, l'aumône à vos sciences, et s'il vous prend un jour envie de savoir *la Vérité*, comptez plutôt sur ses ressources que sur les vôtres ; car il pourrait bien vous arriver ce qui a été prédit par l'Évangile.

« On donnera à celui qui a déjà ; quant à celui qui n'a pas, on lui ôtera même *ce qu'il croit avoir.* »

Maintenant, comme il est vrai que l'homme a parlé longtemps avant de faire la grammaire, chanté longtemps avant de connaître la gamme, couru longtemps sur la terre avant de savoir qu'elle tournait, il a fait longtemps aussi du Magnétisme sans savoir ce qu'il faisait.

Aujourd'hui le Magnétisme a fini son temps d'éclosion comme Art, *il va tomber dans vos mains*, Messieurs les savants, cherchez-lui des règles, inventez-lui sa grammaire et son dictionnaire, emprisonnez-le dans vos nomenclatures, faites-en une Science, en un mot, c'est votre affaire ; mais laissez-nous parler, chanter, courir et faire du Magnétisme au gré de notre *Imagination*, à laquelle je vous défie bien de jamais imposer vos règles, puisque c'est elle qui finit toujours, *en se moquant de vous*, par vous imposer ses fantaisies.

Croyez-moi, Messieurs les savants, ne suivez pas ce vilain procès. Le Magnétisme l'a perdu en *première instance*, parce que vous étiez vos propres juges ; mais il gagnera *en appel* devant le public, et vous serez obligés d'inscrire (vous n'êtes payés que pour cela) ce que celui-ci aura ratifié. — Prenez garde même à *la demande reconventionnelle que le Magnétisme intentera à vos sciences ; abandonnez cette vaine et assommante nomenclature de mots tirés du grec et du latin, langues éteintes, qui ne sauraient plus servir de flambeau ;* prenez les fluides pour ce qu'ils font et surtout pour *ce qu'ils sont*, — de *simples mouvements* de la matière, affectant plus ou moins nos sensations, des directions variées, harmonieuses ou intelligentes du *Mouvement universel*; ôtez-leur ce reste de matérialité que vous leur attribuez encore sans savoir pourquoi; *spiritualisez-les,* afin de les faire remonter jusqu'à Dieu; — appelez, enfin, la Lumière l'œil de Dieu, l'Harmonie sa voix, la Chaleur son souffle, l'Électricité son esprit et le Magnétisme *son âme ;* nul ne vous accusera alors d'Athéisme et encore moins de Matérialisme.

La Science et la Religion sont sœurs : c'est pour l'avoir oublié qu'elles se trouvent toutes deux en péril; il n'y a pas deux vérités, *une religieuse* et *une scientifique;* il n'y a que La Vérité qui *se montre* et puis *se cache* tour à tour ; mais qui grandit avec le temps.

Si donc, au nom de n'importe quelle *tradition,* ou du *consentement universel*, qui ne signifie rien, puisqu'en fait de vérités conquises, *un seul homme a toujours eu raison contre l'humanité tout entière!* si, dis-je, au nom de ces deux affirmations, on voulait à présent vous imposer un autre Dieu que celui qui se prouve par *la conscience de vous-mêmes*, repoussez-le comme un fantôme sorti des ténèbres de l'esprit.—Dieu, étant tout, ne saurait être exprimé par le mot *esprit* plus que par celui de *matière;* appelez-le donc hardiment par son vrai nom : l'Ame universelle, et vous serez non-seulement des *croyants au vrai,* c'est-à-dire des hommes de Raison; mais de *vrais croyants,* c'est-à-dire des hommes de Foi. — Quoi qu'en puissent penser la Science et la Religion modernes, qui se posent en *anta-*

*gonisme*, j'ose affirmer que l'un n'a jamais gâté l'autre.

Mais bénissons surtout le Magnétisme qui, par *la révélation* publique *du Principe de tous les Miracles,*—certifie la grandeur de Dieu,—en nous prouvant qu'il n'a pas besoin d'introduire *le trouble et le hasard* dans la création pour y manifester sa justice.

Tout sort des lois, et tout revient aux lois de l'Éternelle Harmonie; les *fausses notes* ne proviennent que de la différence des Diapasons; si nous voulons savoir *le Vrai*, tâchons donc de nous accorder.

Voila le seul et grand mystère!

Alcide M\*\*\*\*.

Nous espérons, par cette citation, avoir suffisamment initié nos lecteurs à *l'origine* de *nos Nuits*, et fourni *notre Demi-Jour*.

Si nous n'avions pas prédit l'Hypnotisme, c'est qu'on n'a pas besoin de prédire ce qui existe de tout temps. Nous connaissions les propriétés du sommeil *en français*, et nous eussions désiré ne pas changer de langue pour les mettre à la portée de tous; mais ce que nous avions parfaitement prédit, c'est que ce Phénomène *tomberait dans les mains des savants*, et que ceux-ci *lui donneraient un nom grec ou latin*.

Nous eussions même parié pour le grec!—Sauf l'erreur du *néologisme*.

## IV

— Quelles conséquences, nous dira-t-on, allez-vous tirer maintenant de l'Hypnotisme?

— A tout seigneur, tout honneur! — Nous en tirerons d'abord pour M. le docteur Velpeau l'avantage inappréciable de pouvoir *disséquer* un homme vivant jusqu'à la moelle des os, *sans que celui-ci s'en aperçoive*. Ce qui ne laissera pas que d'être une curieuse nouveauté en chirurgie, mais dont, nous l'espérons, M. Velpeau n'abusera pas pour fonder *l'anatomie du vif!*

Nous en tirerons ensuite, pour les philosophes, cette conclusion beaucoup plus sérieuse, que *la Sensibilité* sur laquelle on a basé toutes les théories matérialistes, — existe positivement en dehors de toute excitation *objective*, puisqu'elle se produit de l'individu même,—*à volonté*, comme dans l'Hypnotisme, ou *sans volonté*, comme dans les rêves. — Par conséquent que l'Ame, étant en même temps *subjective* et *objective*, c'est-à-dire *cause* et *effet,* doit pouvoir *se créer absolument tout ce qu'elle veut !* — Conséquence *naturelle* de son éternité.

La médecine, poussée à bout par l'Hypnotisme, en arrivera à ce *corollaire*, que les médicaments sont tout à fait inutiles, puisqu'il est *possible* de produire, *à volonté*, sur l'organisme *absolument comme si* ils étaient administrés. — Douloureuse perspective pour les pharmaciens, même homœopathes !

L'éducation enfin aboutira par l'Hypnotisme à cette conclusion *fatale*, que la science ne *s'ingère* pas, ni ne *s'enfonce* à coups de dictionnaires, mais qu'*elle se tire de l'homme* toute faite. — Plus douloureuse perspective encore pour ceux qui, ayant fait un grand amas de science, se verront obligés, faute de débit, de s'en nourrir eux-mêmes !

« Ce qui s'accroît de la science s'accroît de la douleur, » a dit l'Ecclésiaste.

En nous en prenant à la science, nous ne nous en prenons donc qu'à *l'origine du mal*, c'est-à-dire *la douleur !*

— Ainsi vous rêvez l'Age d'or, les temps antérieurs à l'Histoire, nous demandera-t-on?

—Nous ne les rêvons pas; car l'Hypnotisme, qui en est *le germe*, les ramène, et les savants *viennent de le replanter!* — Politiquement même, *la même plantation s'est faite*, et tout présage en Occident la résurrection après six mille ans, des grands empires décédés en Orient.

La Vérité suit le cours de la lumière!

Oui! nous ne craignons plus de le dire, au sein même de Paris, ce foyer de la décomposition moderne. Les grandes sociétés *oubliées* de l'Inde et de l'Égypte étaient *l'état normal* de l'Humanité. Les Civilisations, à la grecque et à la romaine, n'ont été que *des fièvres cérébrales*, enfantant le délire, puis l'anéantissement, et ayant *toujours eu* la Barbarie *pour convalescence!*

C'est pour cela même que l'Humanité en a conservé l'histoire, comme on se souvient avant tout de ses jours néfastes. Mais les souvenirs que ces civilisations traînent après elles sont les certificats de leurs vices.

Athènes et Rome! foyers éteints, mais encore chauds sous vos cendres, puisse, à votre tour, *l'oubli* dont vous avez couvert la grande Histoire, vous épargner *les malédictions* qui s'élèveraient bien au delà de votre gloire usurpée !

## V

La grande Histoire ! l'Histoire *non écrite*, l'Histoire *traditionnelle !* Celle que les Livres sacrés de plusieurs nations raconteraient encore, s'ils n'avaient pas été si souvent traduits et si monstrueusement commentés, — qui la dira ?

— Une voix *qui a tout précédé et tout produit.* La voix du VIDE, accompli dans nos entrailles, — *le cri du besoin......* qui ne s'étouffe pas !

Le bonheur nous manque ? — Mais *il a été* et *il sera,* car Dieu n'a rien créé qui n'ait son origine et son but.

Nous le regrettons et nous l'espérons, — c'est là *notre besoin !*

Or, vous semble-t-il que les civilisations antiques, dont les savants ont *collectionné* les œuvres écrites, y aient satisfait ?

Ce ne sont ni les petites républiques, ni les petits royaumes, ayant baigné leurs pieds dans le lac méditerranéen, ni l'empire d'Alexandre, cette nasse jetée sur l'Orient et dont les mailles furent sitôt rompues, ni même l'empire des Césars, traînant sa longue queue de l'Indus aux colonnes d'Hercule, qui ont résolu ce problème.

Rappelons-nous que tous *les billets* de cette civilisation honteuse, *tirés sur l'avenir*, ont été *protestés* par le Christ. Qu'il a été crucifié pour les avoir protestés ! mais que *l'endos* de la civilisation chrétienne sur ces *valeurs mortes*, est une *reconnaissance de la dette*, et que Dieu n'a pas encore donné *sa quittance !*

Pour connaître la vérité, et dans la science et dans l'histoire, il eût fallu imiter en tout le Christ :

Naître plutôt dans une étable que sous les voûtes de l'Institut !

Être réchauffé plutôt de l'haleine d'un bœuf et d'un âne que de celle d'un historien ou d'un savant !

Regarder les étoiles venir, au lieu d'aller les chercher, et recevoir les Mages d'Orient, au lieu d'écouter les députations des Grecs et des Romains !

Et enfin, *s'enfuir* en Égypte, comme l'enfant Jésus, pour y chercher naïvement la Vérité *renaissant des ruines* sous l'incubation des siècles, au lieu de courir après *son fantôme* qui disparaît dans la poussière soulevée par les dernières convulsions du Corps social agonisant d'une *maladie de l'Esprit!*

## VI

— Mais comment l'Hypnotisme, découvert d'hier, touche-t-il à toutes ces questions?

— C'est que l'Hypnotisme est une clef qui ouvre *la science des Mages* de l'Inde et de la Chaldée — LA MAGIE ! — mot consacré depuis des siècles, qui a conquis, par assez de gloires et de misères, le droit de *s'asseoir définitivement* dans l'humanité !

LA MAGIE ! dont l'étymologie est *le radical* MA, qui a fait MA-TER en latin, et *ma-man* en français. — MA *le prototype* de MAGNUS, grand, MAJOR, plus grand, qui ont donné *Magique, Majesté, Majorité,* enfin! et consacré ainsi, par la seule puissance du *Verbe* (la Parole innée!), *le droit d'aînesse,* en un mot le MAJORAT de l'Idée qui est LA MAGIE MÊME !

Et de là, *I-mage, I-magination,* c'est-à-dire par l'adjonction de l'I, la vivification du *radical* MA, formant I-MA—IMA, puis IMAGE! qui veut dire :

LA MAGIE VIVANTE.

La démonstration de l'abstrait par *la vision,* le *principe* des songes, *l'action subjective* du sommeil, *l'intuition* sibyllique, *l'instinct* de l'Ame surgissant de l'Anesthésie du corps ! — La magie ! c'est-à-dire *la réflexion* de l'Idée absolue, *l'Imagination* rendue à son germe, le Génie *libre !*

La magie ! qui n'est ni le Magnétisme, ni le Mesmerisme, ni l'Electrobiologie, ni l'Hypnotisme, ni même l'Hypnisme ; qui n'est ni la Sorcellerie, ni l'Astrologie, ni la Chiromancie, ni l'Hydromancie, etc., etc., etc. ; mais qui est *tout cela ensemble* — la magie ! enfin, qui est :

## LA MAGIE !

— Allons, du courage ! Messieurs les savants, étouffez-la maintenant si vous pouvez !

Nous vous en défions ! au nom de *la Vérité même* qui vous tient à son tour le pied sur la gorge.

La magie est *celle* qui s'appela *les Mystères d'Isis* en Égypte, s'introduisit chez tous les peuples de l'antiquité, lesquels mirent cette *prodigieuse propriété du sommeil* sous le patronage des Divinités de leur invention.

C'est *la Sagesse,* en Salomon !

C'est *la Sapience,* en l'Ecclésiaste !

C'est *la Foi* de l'Évangile ! *la richesse* des pauvres d'esprit, *la force* des faibles, *le démenti* de l'Innocence à la Science ; en *un seul mot* nous l'avons dit, c'est la MAGIE ! en *une seule phrase,* c'est :

LE TRIOMPHE DE L'HUMILITÉ !

De là, Prophètes, Prêtres, Augures, Vestales, Sibylles, Bacchantes, Corybantes, *interprètes de l'Ame,* et qui le restèrent réellement *tant qu'ils n'en firent pas un abus.*

De là encore, Martyrs, Illuminés, Magiciens, Sorciers, Somnambules, *Mediums* et enfin, *Hypnostes,* soldats aujourd'hui *dispersés et sans chefs* de l'Armée des anciens Mages !

Augures et Sibylles descendus du trépied d'or pour monter sur des tréteaux ! Victimes sacrées du *débordement de leurs propres instincts* refoulés par la stupidité des savants, qui, refusant eux-mêmes, *sans inventaire,* l'héritage des Mages, ont perdu à jamais le droit et la puissance *d'en faire emploi.*

Quand nous disons la stupidité des savants, c'est plus que cela ; c'est *un déni de pouvoir*, un crime de *lèse-humanité!*

Tel qui sait fort bien utiliser *les instincts* de son chien pour aller à la chasse, et *les instincts* d'un porc pour déterrer des truffes ; tel qui prévoit l'hiver à l'émigration des oiseaux; tel qui présage la tempête à l'inspection d'un brin d'herbe ; tel même qui dans la pierre qui tombe découvre encore *un instinct;* tous ceux-là, qui se disent savants, parce qu'ils ont égaré leurs propres instincts dans le labyrinthe inextricable de leurs raisons; tous ceux-là, qui ne peuvent plus retrouver en eux *la faculté* qu'ils ont perdue, *la nient imperturbablement* chez les autres, — refusant à l'homme *ce qu'ils accordent aux bêtes* et même à la matière inerte !

— Raisonneurs sans Raison !


— Si toutes ces choses étaient vraies, disent quelques-uns qui ne croient pas encore, mais qui ont *déjà peur*, — quel mal ne ferait-on pas de leur emploi?

— Aveugles en plein midi !

Faudra-t-il qu'Ésope ressuscite pour venir, *à*

*la barre* de l'Académie, prononcer lui-même, en façon de *réquisitoire*, son merveilleux Apologue de *la langue à toutes les sauces?*

La Langue n'est-elle plus ce qu'il y a de *meilleur* et ce qu'il y a de *pire ?* — Pourtant aucun savant n'a jamais songé à couper la sienne !

Pourquoi tous, au contraire, se sont-ils fait *l'amputation de leurs instincts ?*

Tel est pourtant le fruit de l'Arbre de la science qu'ils ont cueilli et mangé — MALUM, *le mal* ou *pomme.* — Fatal jeu de mots !

Calembour, Symbole et Mystère !

Il ne s'agit donc rien moins que de révéler *le secret des temples!* Le Christ, fils de l'homme, fut bien et dûment crucifié, comme homme, pour l'avoir osé de son temps. — Nous ne sommes pas Dieu, tant s'en faut, et comme, s'il nous arrivait quelque *désagrément mortel* par suite de nos démêlés avec les Scribes, les Docteurs et les Pharisiens de notre époque, nous ne saurions *ressusciter le troisième jour*, nous y réfléchirons à deux fois avant de pousser plus loin le zèle de *l'initiation.*

Du reste, commencez par vous en rendre dignes par la Foi ! — sinon, — non !

C'est la Foi qui dirige,—qu'*elle avance*,—*nous avancerons!*

Cette fois-ci c'est bien la fin de notre cercle, et nous le terminerons comme nous l'avons commencé, par..... un profond salut.

# MÉMOIRE

## DES TRAVAUX EXÉCUTÉS DANS CE LIVRE

\* \* \* \* \*

*Observations préliminaires.*

Que nos lecteurs veuillent bien nous passer cette *formule* pour exprimer ce qui se trouve d'ordinaire à la fin d'un livre et que nous n'eussions osé dire, tant est grande l'horreur que nous inspire tout ce qui ressemble, de près ou de loin, à une Encyclopédie, un Dictionnaire, une nomenclature, à une *Table*, en un mot ; — celui-ci nous est échappé, Dieu merci ! — nous ne courrons pas après.

Qu'y a-t-il, en effet, de plus justement navrant, pour un auteur consciencieux, que d'être obligé, *sous prétexte d'ordre*, de dépiécer l'œuvre qu'il finit à peine, et dont toute la valeur consiste peut-être dans son ensemble ?

Figurez-vous un architecte que certains vérificateurs de travaux voudraient contraindre de procéder à la démolition d'un édifice qui réalise en quelque sorte sa pensée,—de rapporter sur le chantier, aligner, classer, numéroter un tas de pierres qu'il avait pris tant de peine à mettre à leur place, et qui, bien certainement, ne se trouvent en ordre que là où elles sont. — Cet architecte enverrait les vérificateurs à tous les diables, à moins qu'il ne trouvât plus poli de leur obéir en démolissant son travail pour leur en jeter les débris à la tête.

C'est à peu près cette dernière détermination que nous avons prise.

Mais, sur le point d'accomplir un pareil acte de vandalisme consacré par l'habitude, nous avons voulu protester contre lui de tous nos moyens en le flétrissant d'une dénomination qui rappelât ce qu'il y a, pour chacun, de plus désagréable, *à première vue* : —Un Mémoire !

« *L'Enfer*, dit-on, *n'est pavé que de bonnes intentions.* » Il y a donc tout lieu de croire, en renversant la proposition, que—*le Paradis n'est macadamisé que des plus mauvaises.*

Tel est notre avis ; aussi avons-nous passé nos *Treize Nuits* et notre *Demi-Jour* à lever les pavés de l'Enfer pour en repaver le Paradis, ainsi qu'à reporter le macadam aux sombres bords dont on n'aurait jamais dû le sortir.

Sans être bien avancé, l'ouvrage est en bon train ; et, comme notre conscience nous en paye suffisamment, nous en donnons *l'acquit ci-après,* pour la part qui en revient à chacun de nos lecteurs.

*Suit* ledit MÉMOIRE.

| Fourni en travaux | Voir a la page |
|---|---|
| Opinion de saint Paul (*garantie*)............................. | » |
| Titre, symbole, nom de l'auteur et celui de l'éditeur.... | » |
| Dédicace (*polie*)........................................................ | I |
| Préface (*très-courte*)................................................ | III |
| Pourquoi Ténèbres? — INTRODUCTION........................ | V |
| Prière du soir (*en vers de premier choix*)................. | XVII |

### PREMIÈRE NUIT.......................................... 1

| | | |
|---|---|---|
| | Notre oreiller (*en plumes variées*)..................... | 3 |
| I | Comme quoi nous rêvons................................ | 5 |
| II | *Je* n'est pas *Nous*........................................ | 6 |
| III | Valeur du Moi (*pas grand'chose*).................... | 7 |
| IV | Ce'que nous proposons (*tout à fait neuf*)........ | 8 |
| V | Un aperçu de l'Absolu.................................... | 10 |
| VI | Emblème de la science humaine..................... | 11 |
| VII | Qu'est-ce que la Science et la Raison?........... | 13 |
| VIII | Contrefaçon du Génie (*impossible*)................ | 15 |

### DEUXIÈME NUIT........................................ 17

| | | |
|---|---|---|
| I | Comment faire des hommes (*difficile*)?.......... | 18 |
| II | La vraie Charité (*rare*)................................. | 19 |
| III | La Foi et l'Espérance (*de bonne qualité*)....... | 20 |
| IV | Le Symbole et la Vérité (*introuvables*).......... | 21 |
| V | La Lettre et l'Esprit...................................... | 22 |
| VI et VII | Muabilité de la Raison (*a tous vents*).... | 23 |
| VIII | Son commencement et sa fin........................ | 25 |

## TROISIÈME NUIT. ... 29

| I | Mythe de la Conscience (*ignoré*) ... | 30 |
| II | Voix de la Nuit ... | 30 |
| III | Juridiction de la Raison (*pétaudière*) ... | 31 |
| IV | Dialogue entre le Corps, l'Esprit et l'Ame ... | 32 |
| V | Origine de la Certitude ... | 36 |
| VI | La Folle du logis (*la Raison*) ... | 37 |
| VII | Adieux de la Nuit ... | 38 |

## QUATRIÈME NUIT. ... 41

| I | La Raison et la Foi (*bataille !*) ... | 42 |
| II | Qu'est-ce que Dieu????? ... | 43 |
| III | Origine de la Trinité (*géométrique*) ... | 45 |
| IV | Le kaléidoscope de l'Idée (*nouveau*) ... | 47 |
| V | La Trinité égyptienne (*très-vieux*) ... | 49 |
| VI | Ce qui est ingénieux et ce qui ne l'est pas ... | 54 |
| » | Un problème d'optique (*à résoudre*) ... | 51 |
| VII | Glorification du Paradoxe! ... | 53 |
| VIII | Qu'est-ce que Satan et ses compères? ... | 54 |

## CINQUIÈME NUIT. ... 57

| I | Consécration du chiffre 6 ... | 58 |
| II | La Création en 6 jours (*nuits comprises*) ... | 61 |
| III | La Naissance de l'Amour (*absolu*) ... | 63 |
| IV | Les erreurs du télescope ... | 65 |
| V | Vanité de l'Astronomie (*sans mesure*) ... | 66 |
| VI | Bulles de savon ... | 67 |

## SIXIÈME NUIT. ... 69

| I | Les amours du Soleil et de la Lune ... | 70 |
| II | Le jeu de la Vie (*sans tricher*) ... | 72 |

| | | |
|---|---|---|
| II | Ce qu'il faut penser et faire de l'Amour.......... | 73 |
| III | Le bandeau de l'Amour (*tres-serré*)............... | 75 |
| IV | Du Goût physique et moral...................... | 78 |
| V | Mariage de l'Amour avec la Science............. | 80 |
| VI | Comment sortir la Vérité de son puits?.......... | 81 |
| » | L'Amour et la Justice (*deux aveugles*).......... | 82 |
| VII | La Vérité sans la Raison (*instincts*)............ | 85 |

| | | |
|---|---|---|
| | **SEPTIÈME NUIT**..................... | 89 |
| I | La Nuit blanche............................. | 90 |
| II | La Loi et la Raison (*maître et valet*)........... | 92 |
| III | Buvons au Néant!............................ | 94 |
| IV | Ce que c'est que la Satisfaction............... | 96 |
| » | Ce que c'est que la Matière.................... | 97 |
| V | La Science a mis sa culotte à l'envers.......... | 98 |
| » | Verres cassés (*a vendre*)..................... | 101 |

| | | |
|---|---|---|
| | **HUITIÈME NUIT**..................... | 103 |
| I | Retour à la Géométrie........................ | 104 |
| II | Dieu, nombre, poids et mesure................ | 105 |
| » | Des mauvais Anges et des Titans............... | 107 |
| » | Les Bâtards de la Nature...................... | 108 |
| III | Le Feu (*élément*)............................ | 109 |
| IV | Traitement de la Raison (*comparé*)............ | 111 |
| V | L'éreintement de l'Éclectisme (*soigné*)......... | 114 |
| VI | Traitement antirationnel...................... | 119 |
| VII | Steeple-chase du Temps (*Babylone distancée*).... | 119 |

| | | |
|---|---|---|
| | **NEUVIÈME NUIT**..................... | 123 |
| I | Invocation à la Nuit (*poésie*)................. | 124 |
| II | Prémices astronomiques....................... | 127 |

| | | |
|---|---|---|
| III | Le Génie se passe d'explication.................. | 130 |
| IV | Réflexion absolue (*l'infini défini*)................ | 131 |
| V | La Réfraction *sériée* cause de la Réflexion........ | 135 |
| » | Système des Mondes (*avant la lettre*)............ | 141 |
| VI | Astronomie et Astrologie comparées............. | 143 |
| » | Effacer l'erreur suffit à la Vérité (*radical*)........ | 144 |

### DIXIÈME NUIT........................ 147

| | | |
|---|---|---|
| I | Les Œufs de la Raison (*fragile*)................ | 148 |
| II | Le Monde image de Dieu...................... | 150 |
| III | Démolition du système newtonien.............. | 152 |
| IV | Invisibilité du Soleil à certaines distances........ | 154 |
| V | Cause des Marées............................ | 156 |
| » | De quoi sont faits les Mondes ................. | 157 |
| VI | Initiation. — Une Astronomie en sevrage......... | 161 |
| VII | Deux Talismans (*empreinte des mondes*)...... | 162-166 |
| VIII | Une Machine céleste (*sans garantie*)............. | 168 |

### ONZIÈME NUIT........................ 171

| | | |
|---|---|---|
| I | Aveuglement de la Raison (*positif*).............. | 172 |
| II | Le Besoin donne l'esprit ; la Satisfaction rend bête. | 173 |
| III | Une répétition du Déluge (*avec explication*)...... | 176 |
| IV | Signes précurseurs (*accomplis*)................ | 178 |
| » | Un Cigare pour une Étoile.................... | 181 |
| V | Il y a des Degrés en tout (*séries*).... ......... | 182 |
| VI | Une ruade de la Raison...................... | 183 |
| » | Nettoyage des écuries d'Augias................ | 185 |

### DOUZIÈME NUIT........................ 187

| | | |
|---|---|---|
| I | Méditation entre deux eaux .................. | 188 |
| II | Une opinion sur les Planètes et les Comètes...... | 190 |

| II | Perpétuité des illusions. | 191 |
| III | Curieuse réflexion intellectuelle | 193 |
| IV | Un merveilleux Parchemin (*poésie libre*) | 195 |
| V | Origine de la Conception (*clef de l'absolu*) | 198 |
| » | Centre, point géométrique (*idée d'absence*) | 200 |
| » | Diamètre, Circonférence, Zéro (*idée de l'infini*) | 201 |
| » | Ligne droite (*idée de l'unité*) | 202 |
| » | Excès de la ligne droite (*la guillotine*) | 204 |
| » | L'Individualisme | 205 |
| VI | Le seuil de l'Arche (*un jour d'épreuves*) | 207 |

## TREIZIÈME NUIT ... 209

| I | L'Homme et la Bûche (*apologue*) | 210 |
| » | La Matière souffrante (*justice*) | 212 |
| II | Les deux colonnes de l'Arche (*idée de la dualité*) | 213 |
| » | La Lumière sortant des Ténèbres | 215 |
| III | Fronton de l'Arche (*idée de la Trinité*) | 217 |
| » | Le Quaternaire (*Dieu en quatre lettres*) | 218-220 |
| » | La vraie Croix | 221 |
| » | Vox Populi, vox Dei (*NAPOLÉON*) | 223 |
| » | Gamme de la Création | 225 |
| » | Porte de l'Arche de salut | 226 |
| IV | Le Déluge (*science des savants*) | 228 |
| » | Le But | 231 |

## UN DEMI-JOUR SUR L'HYPNOTISME ... 235

| I | L'Esprit qui parle (*les génies morts*) | 236 |
| II | Naissance de l'Hypnotisme (*résurrection*) | 238 |
| » | Le Waterloo de la Science | 241 |
| III | Citation *ad hoc* (*Magnétisme-Électrobiologie*) | 242 |
| » | Expériences publiques | 250 |

| | | |
|---|---|---|
| III | Fin du Mystère (*réalisme des miracles*) | 261 |
| IV | Conséquences de l'Hypnotisme | 262 |
| V | L'Histoire non écrite | 265 |
| » | Imitation du Christ (*omni-science*) | 266 |
| VI | Le Secret des temples | 267 |
| » | Étymologie de l'Image (*LA MAGIE*) | 268 |
| » | Débris de l'armée des Mages | 269 |
| » | Restauration par la Foi | 271 |
| » | Salut | 272 |
| Le présent Mémoire | | 273 |

*Pour acquit,*

A. Morin

www.ingramcontent.com/pod-product-compliance
Lightning Source LLC
Chambersburg PA
CBHW071527160426
43196CB00010B/1691